AQUARIUS

AQUARIUS

AQUARIUS

AQUARIUS

Vision

一些人物，
一些視野，
一些觀點，
與一個全新的遠景！

（上）

李崇建談冰山之渴望

李崇建著／王又翎繪

幸福的奧義

推薦序——

用愛彌補裂縫

◎畢柳鶯（中山醫學大學醫學系退休教授）

我曾經參加過兩次阿建老師連續三天的薩提爾冰山探索工作坊，這與參加過六、七次薩提爾冰山探索工作坊的張輝誠、羅志仲老師相較，我就像是在門口探望的初學者，但老師竟邀我寫序，我猜想與我特殊的身分有關。我是現場最年長的學生。

工作坊的學員們多數是面對家庭、孩子、工作等多重壓力和挑戰的三、四十歲青年人。我是退休多年的醫師阿嬤，我的臉書上都是含飴弄孫、遊山玩水的歡樂畫面。而在世俗眼光中，我學業、事業順利，家庭美滿，是所謂的人生勝利組，我怎麼會出現在課堂上？

其實，我自幼在父母打罵、指責、貶低的管教與基因遺傳下，我是一個急性子、焦慮、暴躁的完美主義者。表面上的優點是努力、盡責，但背後的真相是對自己永遠不滿意（內在有個挑剔鬼）。我過度在意他人的眼光（其實是自己編的），且焦躁易怒（小事也對先生發脾氣）。人前談笑風生，人後卻苦惱不斷。我不想這樣痛苦地活著，且也覺得愧對好脾氣的先生，因此，我常閱讀身心靈書籍，但自學多年，卻進步有限。在二〇一八年，我開始依序上了周志建（敘事療法）、羅志仲（托勒讀書會）、李崇建三位老師的工作坊，才有了長足的進步。

一個六十幾歲的老教授坐在教室裡，學習探索內在、練習對話，我剛開始也覺得不好意思，感嘆自己後知後覺，這麼老了才來學習。但沒想到老師和學習夥伴們給我特別多的關注和鼓勵，讓我深深感受能來學習是一種福氣。

上課首日，我就體驗了震撼教育。在工作坊中，要反覆地與夥伴對談，以練習表達自己的內在、覺知自己的情緒，並練習傾聽對方、好奇地提問。幾回合下來，到處傳來飲泣聲，但我卻一滴淚都沒有掉。同來上課的好友連聽別人的故事，也頻頻拭淚，說哭完了，肩頸就放鬆了。我舉手發問：「老師，為什麼學員們講到童年受創經驗，那些對我而言，都是小事，但她們卻已哭得唏哩嘩啦。而童年受重創的我，卻怎麼都哭不出來？」

李崇建
談冰山之渴望

幸福的奧義

只見阿建老師拿著麥克風向我走來，問我：「你想哭嗎？」我感到一股巨大、沉穩的能量靠近了我。比我年輕十幾歲的阿建讓我產生無比的溫暖和信任感，他請我說一段十八歲以前的經歷。我提到念中學時，父親在同學來訪回家後把我罵得體無完膚，大意是同學談吐得宜、儀態大方，我卻坐沒坐相、站沒站相，是空心衣架子之類的話。在描述事件的過程裡，我彷彿是第三者，在講一個讓人義憤填膺的他人故事。

老師請我慢下來，問我當時的感受是什麼。我說：「不記得了，照道理講應該是生氣吧！」老師請我回想當時的畫面，並停留在那裡。我說：「我找不到畫面，也沒有感受。」老師請我停留在父親幫我和同學合拍的照片影像裡，我突然覺得有一股什麼情緒湧上來，我說：「老師，我想說『他媽的！』」老師說：「別急，在這個畫面多停留一下。」我閉上眼睛，專注在那張照片上。

不知過了多久，老師說：「現在你可以說了！」我，一位退休大學教授，在眾目睽睽之下，大聲吼出：「他—媽—的！」我彷佛是用了洪荒之力，聲音大得要掀掉屋頂，連我自己都嚇到了。一時悲從中來，我回轉身，背向眾人，開始掩面痛哭。理智的我，想到當時正在上課，很快地停止哭泣，老師說：「你之後可能會頭痛、想吐喔！」我說：「我明白，老師不用擔心。」原來，就如老師在TED的演講所說的，從小父母不准小孩有情緒，因此我們長期壓抑自己的情緒，最後竟連自己的情緒都認不得，更別提去化解情緒了。

在場所有的人，包括志工，都很驚訝老師怎麼辦到的。老師很謙虛地說：「我也沒把握呀，只是試試看。」後來又有兩次我在課堂上與老師對話，兩次都連結到隱藏在我內心深處，我自己都不曾看見的重要心結而哭泣。老師總能用簡單幾句話，就讓對話者連結到內在的渴望，而有了深刻的體驗，簡直已經到了出神入化的地步。

這本書引用了許多老師與各式各樣身分、角色的人對話的例子，來解釋如何用對話探索自己以及他人內在的期待與渴望，進而改善冰山水面上外顯的人際問題與衝突，並且穿插著理論與說明，幫助讀者了解其運用的脈絡。老師常說：「冰山探索不是知識，而是體驗。」閱讀本書的時候，不是用頭腦，而是要用心去體驗。一次要看懂是不容易的，先吸收看得懂的，在生活中反覆運用，之後再反覆閱讀、練習，就能越懂越多了。我覺得能夠去上工作坊的話，比較容易進入體驗。而如果先閱讀再上課，則更好，也更能提高學習效果。若是課後再閱讀，那

李崇建談冰山之渴望

幸福的奧義

麼，勤練習是基本功。心靈的進化，不是一蹴可及的。

本書最感動我的是阿建老師自身的故事。十歲以前，他品學兼優。母親離家以後，他功課一落千丈，叛逆、沉迷電動，大學考了四次，工作也不順利。他一方面憤世嫉俗，與家人的關係不和諧，一方面做過各種苦工，甚至吃過垃圾桶裡的食物。在這麼落魄的情況下，三十二歲的時候，他學習薩提爾冰山探索，先改變了自己，繼而改變了家人。短短幾年間，成為台灣最重要的薩提爾推手之一，著作等身，整個人生有了大翻轉。他是一位極重度受創者，卻轉變為頂尖的療癒者，助人無數。除了努力以外，我覺得他有天分。

他用薩提爾模式分析自己、雙親、後媽以及同父異母大哥之間錯綜複雜的人際互動與冰山底層的渴望，展現他如何用愛彌補了裂縫，讓這個破碎的家庭故事改寫成為感人的大喜劇。

我們習慣花很多的時間和金錢來照顧自己的身體，但卻忽略了我們的心靈狀態，其實大多數的疾病都來自於心裡的糾結。唯有好好地覺察、接納自己的內在，保持好心靈的自在，身體就能健康。鄭重地向您推薦這本探索自己的內在、改善人際關係，進而增進全家人身心靈健康的寶典。只要開始，永遠不嫌晚。

推薦序——

那是光照進來的地方

◎張輝誠（學思達教育基金會創辦人、普林思頓中小學教學總監）

我每次想起加拿大詩人歌手李歐納．柯恩（Leonard Cohen）的〈讚美詩〉（Anthem）：「萬物皆有裂縫，那是光照進來的地方。」（There is a crack in everything. That's how the light gets in.），就會想起崇建。

我參加過崇建精心設計的三大工作坊七次，親眼看他在各場工作坊，和一個又一個遭遇不同生命難題、卡在某個進退不得情境的人對話。有些人的內在冰山似乎已凍凝成石、寒不可觸，也堅不可摧，但崇建的對話就像一道光，在對話者的冰山上普照、溫暖，漸漸就照出了生命的裂縫。而崇建的對話就會順著那些細微

李崇建
談冰山之渴望

幸福的奧義

難辨的裂縫一路深鑽下去，或曲折、或直截、來回往復、今昔交錯。忽然間，不可思議的事情發生了，對話者竟泫然落淚、啜泣不已，甚至嚎啕大哭、泣不成聲，更不可思議的是，坐在台下的許多人，竟也一起同感共哭。

這是怎麼一回事？二〇一六年，我第一次和崇建一起在台東均一中小學舉辦工作坊，崇建和一個小學生公開對話（後來我經常用這個影片來當教材，網路可搜尋觀看）。崇建才說幾句話，小女孩就在滿場研習老師們的面前啜泣不已。我在一旁看著，覺得太神奇，但也一頭霧水。

後來我何其幸運，和崇建變成好友，也常有機會和他一起公開對談、私下聊天、參加一次次的工作坊。這個幸運對我很重要，崇建常對我說：「薩提爾注重體驗。」坦白說，我完全聽不懂，但我和崇建不論公開或私下對話時，我都很有感覺，從崇建的話裡，我常感覺到「被關注」、「被關心」，覺得「自己有價值」、「自己被接納」、感覺到「自由」、甚至感覺到「被愛」。——很奇妙，我反而是從崇建給我的這些感覺中，才逐漸弄清楚薩提爾冰山模式的「渴望與自我」是怎麼一回事，也才終於理解崇建讓對話者泫然落淚的主因，那是崇建幫助對話者觸及到自我深層的渴望，而那是「愛、接納、價值、意義和自由。」

然而這些渴望，並不能只是「理解」，而是需要被真實「體驗」。

我最佩服崇建的地方就是，他運用對話，就給了許許多多人這樣「真實的體驗」，並且是最難的體驗。從覺察、探索，到渴望的連結，甚至到生命力的湧現，幫助眾人，真實感覺到內在自我的變化與能量的湧現。

崇建之所以能夠有這樣的能耐，誠如他在書中如實剖析自己生命成長的歷程。他從混亂的青年階段（一到三十二歲，母親有了新的情感變化，造成家庭的震盪），到接觸薩提爾模式導師約翰・貝曼的教導（三十二歲之後），他的內在生命起了巨大轉變，以及轉變之後，原生家庭成員隨之改變的全新樣貌。其後崇建又深情款款、懷抱著愛，回過頭去重新看待他年少時（十歲前）稀薄、美好的家庭記憶與滋養。——我在私下聽過崇建講他的成長故事已經好幾回了，每次重聽依然感動不已。我認為崇建之可貴，正在於他真真實實觸及了、連結了自我渴望，並湧現出飽滿豐沛的生命力，帶來轉變的動力，也帶出極為寬闊的生命視野，同時更帶出連結他人的敏銳與能量。他可以愛自己，也能愛人；可以接納自己，也能接納他人；可以看重自己，也能看重他人（就像他看重我一樣）；可以給自己自由，也能給人自由。——崇建後來之所以有那麼強大的助人能力，我認

李崇建
談冰山之渴望

為都與他曾親身走過此一歷程有關。從混亂到平和、從不一致到一致、從自我隔絕到自我連結，也就是他真正走過了，才有能力指引後來者清晰的來路，就像薩提爾女士所說：「你不可能給出你沒有的東西。」是的，我認識的崇建，真的是內外一致、能量飽滿、平和自在的人。

我讀這本書，最讚嘆不迭的是，崇建為眾人展現了通往渴望的各種路徑。

我還記得，頭一次參加崇建的工作坊，就對他細膩無比且深邃幽微的對話能力折服，後來我又陸續參加過許多次，就明白為什麼有些學員，會一而再再而三，甚至四五六次不厭其煩地重複參加崇建的工作坊，即使崇建經常說他講的內容大同小異（但我感覺崇建精進不已，不斷創思，加入許多全新充滿體驗的活動設計，還有越來越細膩而準確的對話示範、引導、切入、即時回饋、修正和說明），希望大家不要再來。但崇建的工作坊內容密度極大、質量極高、縱橫深淺交錯，情緒紛飛，涕泗相織，他解說對話的問法又像高鐵速度一般飛快而過，那些東西都不是一兩次就能夠掌握和熟悉，甚至也不是一年、兩年就能夠掌握和熟悉，感覺像一輩子的功課，需要一而再再而三反覆練習與應用。

此書之可貴，就在於崇建把幾十個工作坊、幾千個晤談案例的精華，再加上自己生命經驗的例證，以冰山為主體，以「渴望與自我」為最終目標，略寫冰山其他各層（崇建在其他書都有詳盡書寫，可參照），大量集中、刻意聚焦、詳加解說「渴望與自我」，非常深刻且精采。從前我在工作坊雖有體驗，但一瞬而逝，回想起來也是模模糊糊，但崇建寫成此書，我有好多收穫，尤其在好多關鍵對話，直覺山窮水盡疑無路了，但崇建居然又能找到裂縫，直直把光照進去，讓對話者發現自己的內在，原來柳暗花明又一村。（此一心靈歷程，插畫家又翎的圖作表現地極佳、極好。）

那是崇建厲害的地方，也是光照進去的地方。

導讀與自序——人如何活得幸福？

我書寫薩提爾模式，已經超過十本書，期間經歷了十八年。每本書的主題與內容雖各有不同，但都融入薩提爾模式，包括閱讀、作文、教育、勵志與心理成長。

薩提爾模式有近十個工具：影響輪、自我環、面貌舞會、互動要素、雕塑、家庭圖、天氣報告、年表，以及冰山。我對冰山情有獨鍾，因為冰山的學習，改變了我的內在，也改變我的人際互動。

兩年前我動念，欲將冰山完整陳述，作為薩提爾的終篇。未來我想投入其他題材，不再寫薩提爾模式。

我挑選了冰山的底層，從渴望開始書寫。因為冰山的「渴望」與「自我」，初學者最感困惑，我想用簡單的陳述讓冰山學習者理解，也對一般讀者有助益。渴望是「體驗」層次，自我也是「體驗」層次。

我嘗試從概念闡釋，從人的成長歷程、腦神經的發展、生長環境中如何被對待，談渴望層次的狀態，再進入實務案例，說明「好奇」與「表達」，從在生活中彼此連結，到心靈上深刻連結的案例，也包括學習者的成長歷程，呈現他們遇到的困難與成功，以及如何漸漸連結自我。

未料我寫了近十五萬字，僅完成了冰山中的「渴望」，其他層次還未著墨。未來我再視情況書寫。

冰山是內在工程

冰山是對人的隱喻，是內在系統的運作。

水平面下的各層次，會影響水平面上的言行舉止、個人生活品質，也影響人與世界的關係。但很多人並沒有意識到這點，常在同樣困境中循環，外在重複著幾種應對方式，比如：責罵、說理、委曲求全，或者置之不理⋯⋯對於現況並無幫助；內在則重複著焦慮、恐懼、憤怒、煩躁，而不知道如何專注應對。

人處於什麼樣的狀態，內在並不專注覺察，外在則重複著幾種應對呢？這些都是「求生存」的方式。

科學家發現，地蜂有個特別的生物習性，即是將獵物拖回洞穴時，會先將獵物放至洞口，待地蜂自行進入洞內、確保洞穴安全之後，才會將獵物拖至洞內。科學家做了一個實驗：在地蜂進入洞穴檢查時，將置於洞口的獵物遷移至其他地方，再觀察地蜂會有何舉動。

發現獵物消失的地蜂，重新找回獵物後，會再次將獵物置於洞外，進入洞穴檢查一番，未意識到剛剛已經檢查過。這時，實驗人員再次將獵物移走。地蜂出洞穴後又會再次尋找獵物，將獵物放置於洞口，並入洞檢查，即便方才剛檢查過。科學家重複移動獵物無數次，地蜂也無數次地重複同樣的行為。

地蜂的重複行為是為了保護其安全，是承襲自世代經驗所發展出來的慣性應對，彷彿設定於基因之中。這是地蜂為求生存而有的舉動，也是無意識的舉動。

家禽中的鵝也如此。鵝孵蛋的時候，若有一顆蛋滾出去了，鵝會伸長著脖子，勾回已經滾出的蛋，身子仍繼續孵著蛋。若是窩裡的蛋滾出，又被人取走，鵝仍然會完成「以脖子將蛋勾回」的動作，即使那裡已經沒有蛋了。無論蛋還在不在，鵝都會完成這個勾蛋動作，彷彿是反射動作。

鵝與地蜂，皆重複著「多餘的」應對，內在狀態不得而知。但若是牠們擁有意識，能探索冰山每個環節的發生，讓其從行動中體驗，從體驗中與生命連結，相信牠們會重新決定自己的行動。

人也常有如此狀態。

我認識的一位長輩，是高級知識分子，身體健康、心智成熟，年紀不過五十多歲。當年提款機剛普及，人人辦提款卡，不用到銀行取錢。這位長輩不善使用提款機，每次以卡片提款時，常常忘記密碼。他總是嘗試三次，又錯了三次，提款卡因而被機器沒收。

子女為此頭疼不已，常告訴他若是錯兩次，不要再嘗試第三次。長輩答應了，但下次卻依然重複著「按錯三次，被沒收卡片」的循環。

是什麼樣的原因，讓這位長輩明明答應子女記不住密碼時，按兩次即要停手，卻依然永遠嘗試三次？

因為他的內在有個程序，像地蜂與鵜一樣的慣性。

然而，人擁有自主意識，怎麼會這樣子呢？

這樣的狀況很常見。

青少年沉迷網路，決心不再玩了；調皮的孩子，決定不再吵鬧了；抽菸成癮者，決定要戒菸了；犯錯的人，答應不再犯錯了；家暴的人不想動手了；拒學的孩子，決定要面對學校了；遇到不合意的事，不想再責備人了；遇到親人的言論，不想再吵架了……為何這些下定決心的人想做到改變慣性，卻如此困難呢？

關鍵就在人的內在設定——冰山水面下的程序。而程序的設定，與基因、成長環境有關。

人並非地蜂或鵜，人擁有自主意識。人可否了解這分意識，了解內在程序如何設定與如何使用？

想要改變內在程序，除了改變思考之外，還需要透過感受去覺察，體驗自身的期待、觀點與應對。進入渴望，與自我連結，生命就帶來高能量，能夠為自己負責任。

我幫助青少年戒菸、戒除網癮，也陪伴拒學的孩子，協助脾氣不好的父母，帶領過動的孩子……皆是透過冰山脈絡，探索與協助改變他們的內在，連結其渴望，讓生命專注於當下，進而成為自由人生的主宰。

渴望是一種高能量

薩提爾的冰山隱喻，最底層是「渴望」與「自我」。

這兩個層次不易解釋，關鍵在於需要體驗，不易以語言完整陳述，有點兒「只可意會，不可言傳」的意思。

學習上若是不可言傳，對於習慣文字、語言與思考的現代人，無異是一種挑戰。然而，今日科學發達，此書我從幾個實驗陳述人的成長歷程，俾便學習者理解渴望層次，更好地運用於教育、對話與自我成長，讓自己與他人更幸福。

除了書中所述之外，我在此分享一個提問以及一項實驗——我視之為對渴望與自我的陳述，也可看作是一種檢測——讀者將能更理解渴望層次，對於進入本書更有幫助。

哈佛大學教授艾美．柯蒂（Amy Cuddy）在《姿勢決定你是誰》（*Presence: Bringing Your Boldest Self to Your Biggest Challenges*）一書中，問道：「真實的最佳自我究竟是什麼？」這個提問對我而言，彷彿是在問：「冰山的『自我層次』為何？」

書中引用了行為學教授蘿拉．摩根．羅伯茲（Laura Morgan Roberts）為幫助人們找到最佳自我，所提出的一些問題，包括：「你有哪些優點？你如何運用它們？……」回答者必須確信，並且相信這些答案。

在冰山的運用上，當回答者相信自己的價值，即是「體驗自我價值」、與自己的渴望連結，便能通往自我之路。那一刻，生命會感動，會感到有能量。

艾美．柯蒂在書中舉了實例，那是克里斯威爾及薛曼的實驗，名為「特里爾社會壓力測試」（Trier Social Stress Test）：受試者必須在挑剔的裁判前進行即席演講，講完之後進行數字倒數。過程中，裁判在旁不斷施壓。

實驗分成兩組進行，一組受試者要寫下個人的核心價值，另一組則寫下對人不重要的價值。在演講與倒數測試之後，檢測參與者唾液中的皮質醇。

實驗結果發現，寫下核心價值的一組，皮質醇都沒有增加，顯示內在沒有壓力，亦即比賽時不焦慮。另一組則相反，皮質醇濃度增加，顯示出內在的壓力以及比賽的情緒。

艾美．柯蒂稱寫下核心價值的這批人，進入了「真實的自我」。她在隨後的幾個實驗，又指出人在進入「真實自我」時，會處於一種高能量的狀態，亦即幸福感、喜悅與和諧感，此時體內的皮質醇會下降，睪固酮則提升。

這個實驗說明何謂「連結渴望」，以及為何人通往「真實自我」無比重要，也以皮質醇與睪固酮檢測，提供數據上的說明。

我不禁有個想像，若是有人在進行實驗時，透過冰山的對話釐清自我、連結內在的渴望，是否也會睪固酮上升、皮質醇下降，甚至維持一段很長的時間？這將表示內在無意識的思維運轉，能透過對話長期連結渴望，讓人處於高能量的狀態。如此就有更具體的說服力，說明冰山的對話能為家庭、學校，甚至職場帶來理想的環境，那就太美妙了。

本書即是透過成長歷程、對話的脈絡，談如何讓人連結渴望，讓人擁有高能量、獲得幸福感。

書中圖畫與感激

這本書的完成，我特別安排插圖，想為書帶來能量。

繪者王又翎，就讀美國范德堡大學「兒童發展」系時，我得知她對繪畫的熱忱，隨後她從哈佛「藝術與教育」研究所畢業，參與了我的工作坊，我邀約她為書提供插畫，讓此書以新面貌呈現。蒙她願意相助，我心中無比感謝。

又翎的畫風細膩，透露著愛與溫暖。她以圖呈現我的故事時，不以戲劇張力顯示對比，而以接納與愛融合故事，這些圖像的表達，為這本書增加了渴望的連結，期望也能為讀者帶來美的能量。

我演講薩提爾模式，已經近二十年。從《對話的力量》一書開始，我以更落地的方式推廣好奇的對話，得到眾多貴人支持。

這一路演講、寫書與工作坊，雖然是為了維生考量，但是我收到了大量的祝福。各地的家長、企業主管、心理與教育工作者，總為讓人們更認識對話與薩提爾模式而大力推廣與推薦。

尤其是諸多前輩，給我實質上的支持，為我的工作帶來幫助，也為我帶來高能量，比如嚴長壽先生、方新舟大哥、李蔚起大姊、林文煌夫妻、汪大久校長、卓壬午先生、黃千薰大姊、李昆霖先生、張輝誠先生、陳君寶先生……他們讓原本不太熱情的我，感染了不少熱情。

世界各地的薩提爾團體以及主辦工作坊的單位，還有台灣的長耳兔心靈維度、學以致愛、學思達，以及各地教育社團、各地講座助人工作者，都讓我無比感激，感覺自己是無比幸運之人。

目錄

【推薦序】用愛彌補裂縫 ◎畢柳鶯 008
【推薦序】那是光照進來的地方 ◎張輝誠 013
【導讀與自序】人如何活得幸福？ 018

第一章　冰山之渴望

人生的理想狀態 032
認識冰山中的渴望 039

第二章　冰山是內在工程

內在是人的根源 070
透過對話，助人連結渴望 083
與自我連結的狀態 089

第三章　我有能力愛自己

● 與自己好好相處　100
● 重新愛孩提時的自己　103
● 與童年的自己對話　114

第四章　渴望與成長環境

渴望連結與成長歷程　128
● 陷入困境之坑　130
● 走出困境之鑰　144

第五章　我與人的連結

在生活中連結自己，與人連結　166
● 連結母親的渴望　168
● 連結大哥的渴望　185

目錄

學習者的實踐與分享

我們都是學習者 206
走出舊漩渦，看見新世界 ◎ 曾致仁 209
欣賞了自己，也接納了孩子 ◎ 蔡明宜 216
走過情緒風暴 ◎ 蔡倩渼 227
身心與關係，已默默轉變 ◎ 紀宗佑 234
從自我覺察，到刻意練習 ◎ 洪珊如 240
親子坦誠的連結 ◎ 謝姵穎 251
驀然回首來時路 ◎ 洪善榛 258
從停頓開始，改變家庭圖像 ◎ 程馨慧 262
透過回溯，流動情緒 ◎ 賴冠穎 266

第一章

冰山之渴望

人生的理想狀態

如果人活在世界上，有一種理想狀態，你想成為什麼樣的狀態？當你養育孩子，你期望孩子長大後，具有什麼樣的特質，才是你理想的樣貌？在很多人的腦海裡，隱約存在理想狀態，但並不是特別明確。

你期待的人生狀態，期待孩子的狀態，是屬於外在的嗎？還是創造外在的本質？外在的功名利祿，多數人都希望擁有，這除了牽涉個人努力，還牽涉到運氣。若往深處思考，得到了財富功名，甚至能造福社會，但最終能獲得什麼呢？一般而言，答案通常是：有意義、有價值，感到生命的自由。

如果人活在世界上，有一種理想狀態，我期待的理想狀態是：「活出意義感」、「活出獨立自由感」、「活得有價值感」、「活出被愛的感覺」、「活出寬闊的接納感」、「活出平靜、和諧的安全感」，或者用一句話概括：「活出幸福感」。在冰山的隱喻中，將上述理想狀態，稱之為「與自己的渴望連結」，或者也稱之為「與自己連結」。

有人笑說這是廢話，如果能擁有功名、財富與事業，不就能活出如此狀態嗎？答案當然是否定的。多少擁有外在的人，內在感到空虛不已，甚至覺得人生無意義。若是渴望連結了，便能活得有價值感、有意義感、有愛的感覺與接納感。在此狀態下，想要追求功名、事業與財富，或去造福社會，就更容易全力去實踐。若是沒有得到成就，或遇到了挫折、失敗與困難，內在仍擁有這些狀態，也能決定繼續去追求，或者轉換各種創意，尋求各種外在的可能。

當一個人不連結渴望，內在感受不到價值，就容易被環境影響，以抱怨、發怒、焦慮的方式，去回應環境的挑戰，也容易有上癮行為。這與事業是否成功，並無絕對的關係。

李崇建
談冰山之渴望

渴望即是能量

人與自己的渴望連結，不單單只是一種說法，而是內在能擁有深刻的感覺。設想一個人若能在任何狀況，成功的時刻、失敗的時刻、逆境的時刻、平常的時刻，內在都能體驗理想狀態，那真是一種美妙的理想。

渴望與自我層次，是冰山最底部的層次，象徵著一個人的能量、泉源。若是能深刻連結，就如同不倒翁一般，能量穩固地撐起一個人的生命。

在冰山的圖像中，經常能看見有些示意圖，在渴望層次畫一條線，區隔渴望以上與以下層次，表示渴望層次是一種能量，而不只是一種概念而已。

渴望層次涵蓋了價值感、接納感、意義感、愛的感覺、自由感、安全感與信任感。一般看字面的意思，只是初步的解釋，很容易與冰山各層次混淆。

比如有位媽媽來晤談，說孩子的功課表現不佳，因而斥責了孩子。這位媽媽的內在感覺生氣、沮喪與無奈。

我問這位媽媽：「『接納』自己責罵孩子嗎？」

她立刻回答：「我很接納呀！人難免會責罵孩子。」

從這句話看起來，彷彿與渴望層次連結。

但是再問媽媽：「你如何看待那個責備孩子的自己呢？」媽媽不禁悲從中來：「我覺得自己很糟糕，是一個不稱職的媽媽。」

從媽媽這句話來看，可以得知她的狀態，其實並不接納自己的行為，也就是不接納自己責備孩子。前面說她「很接納自己」，但事實上，她的「接納」，可能是學來的「概念」，也就是冰山中的「觀點」，或者是對自己的「期待」，而並非她連結了「渴望」。

．渴望是成長的密碼

冰山各層次交互影響，都是成長歷程的印記，可視為大腦形成的印記。冰山中的渴望層次，是成為一個人所必需，是生命中的必要條件，如氧氣、水與養分。

人類在嬰兒時期，受擁抱、撫摸與包容，傳遞了照顧者的關懷。初生嬰兒並不自由，身體各部位未發展，連翻身都不可得。若非有人懷抱著，嬰兒不得自由。因此嬰兒接收溫暖、接收被接納、接收愛與自由，成為一個人的生命意義。

李崇建
談冰山之渴望

幸福的奧義

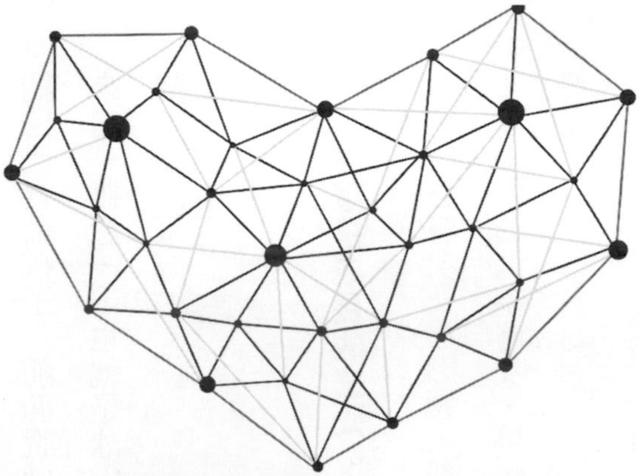

人類嬰兒的計算系統本質上是一個網絡，
由語言編織，由愛維繫。

—— Alison Gopnik
(艾莉森·高普尼克，美國心理學教授)

嬰兒的吸收如海綿，大腦神經突觸發展，刺激了大腦的反應，無論是正向或負向刺激，嬰兒都會發展出應對調節。

假使嬰兒出生之後，並非被人類照顧，而是被狼、狗、豹，或者機器照顧，又或者照顧者與嬰兒無互動、沒有感情，煩躁、暴怒相向，那麼，即使照顧者滿足了嬰兒的食物需求，嬰兒的生命能量發展，依然可能無法長至成年的壽命，或者在個性上將與正常人有差異。

生命早期的正向經驗，也就是被關愛、呵護等親密互動，對優化大腦特定組織，以及大腦的發育至為關鍵。**這些正向經驗能為一個人的生命注入愛、價值、接納、意義、自由、安全感與信任感，而這部分，在冰山理論中隱喻為：渴望。**

人類的嬰兒需要被愛，一直到十八歲期間，生命植入這些要件，生命才得以成長。因此每個人的生命，都存有愛、價值、意義……否則不足以長大。

一個人與渴望連結，正是與生命自身連結。人終其一生大腦皆可塑，但嬰兒期大腦發育快速，成年之前至關重要。

成長發展期間，環境會給予生命回饋，尤其人與人之間的健康互動，會影響大腦的發展，被視為生命的基礎，也是能否啟動生命能量之關鍵。生命中存有的要素，就是啟動生命自身。這些都可視為「渴望連結」。因此，**建構生命的基礎，即是透過行動、語言與互動建構，啟動生命中的渴望**。

渴望不被連結的人，生命力比較紛亂，或者生命力薄弱；亦容易有成癮症，包括藥物成癮、食物成癮、購物成癮、遊戲成癮、工作成癮、戀愛成癮、手機成癮、網路成癮……透過事物的成癮、依賴得到滿足，但無論如何沉入，都無法徹底感覺安心，也無法得到滿足感，身心依舊感覺空洞。

因此，渴望層次至關重要。

李崇建
談冰山之渴望

冰山中的渴望，常與期待混淆。

期待可以區分為：你對他人的期待、他人對你的期待，以及你對自己的期待。

渴望則來自於自身。

成年人的生命能量，所有的渴望隱喻，都是自身生命的能量，都是嬰兒期被賦予、得以長大的條件。渴望不是依賴外界而來，只是成長過程中，因為各種缺憾影響，使得人與渴望失去連結。

認識冰山中的渴望

冰山是一幅圖像，浮在水面上的表象，是事件、語言與行為，是呈現出來的「可見」狀態。

比如，孩子生命缺乏動力，成績一落千丈，終日沉迷網路，任憑責罵、說理，或者給予獎勵，孩子始終固著。此時，孩子沉迷於網路，即是冰山上層的「事件」，是他面對世界的「行為」。而**驅動孩子沉迷於網路的，是水面下未被看見的部分，也就是冰山內在的各個層次。**

讓我們看一個情境：一個年齡介於十四至十八歲、經常沉迷於網路的孩子，進入網路遊戲，已經連續玩了六小時。時間是半夜兩點，他仍掛在網路上。你能了解這個孩子的冰山各層次嗎？

我訪談過超過五十位青少年，都曾經歷前述情境。他們都不是「電競」選手，亦非想成為電競選手，皆是一般在學生。我歸納他們的冰山各層次，幾乎同時擁有下列狀態。

- **感受層次**：疲勞、慌亂、煩躁、不安、緊張、焦慮、害怕、恐慌、難過、生氣、沮喪、無奈、無助、興奮。
- **哪一種感受最多呢**？煩躁、焦慮、沮喪、無助。
- **觀點層次**：「應該停止了」、「不應該玩了」、「都已經玩了，沒差了啦」、「為什麼大人不懂我」、「我應該好好讀書」。
- **哪一種觀點很少出現呢**？「上網打遊戲超爽」、「不斷玩下去真好」。
- **期待層次**：「期待自己下線」、「期待自己更努力」、「期待自己能覺醒」、

「期待爸媽別發現」、「期待自己解脫」、「期待不用上學」、「期待不用考試」、「期待一切重來」。

- **哪一種期待很少出現呢**？「期待一直玩下去」、「期待每天這樣上網」。
- **渴望層次**：「我不值得被看重」、「我不值得被愛」、「我無法接納自己」、「我的日子過得無意義」、「我沒辦法不上網（亦即內在不自由）」。
- **渴望層次不曾出現**：「我很有價值」、「我很愛自己」、「我接納此刻狀態」。
- **自我層次**：「我很糟糕」、「我沒救了」、「我沒辦法擺脫」、「我充滿無力感」。
- **自我層次不曾出現**：我充滿力量、我獨特美好、我是非常棒的人、我心靈通透自在。

若有個透視眼鏡，能讓你看見青少年沉迷於網路的表象下，冰山的各層次，這時再回頭看看一開始的情境描述，對你有何衝擊？符合你心中的印象嗎？

認識「完整的生命」

．沉迷網路的少年

我在山中學校教書時，有位十六歲少年C，曾赴網咖掛網二十六小時。他眼睛幾乎要闔上了，身體疲憊得就快趴下，手指仍出於反射動作在打怪。他覺得自己很荒謬，明明想要離開了，身體卻一直賴在那裡。

他當眾陳述這分經歷：心中期望自己停止，但就是停不下來。他形容自己的狀態，如一具皮囊，一具不由自主的皮囊。

為什麼他不能做自己呢？什麼原因控制了他？

C在極度疲憊的時刻，想要離開，卻又離不開。家人尋到了網咖，對著C破口大罵，激起他強烈的反擊，但是C並未離開網咖。家人繼而好言相勸，也說理，想要說服C、恐嚇C，如此來來又去去，C卻來個相應不理，就是要賴在網路上。

家人再也不理他，任由他在網咖浮沉。但此時，他上網並不愉悅，反而覺得非常沉重。他心裡既想回家，卻又不想回家。他身軀疲憊不堪，在網咖折磨自己，掛網七十個小時。

C在掛網二十六個鐘頭時，就想離開網咖，但是他沒有離開。我也曾經歷這樣的狀態，流連電動遊戲間，想要離開卻未離開。我對自己有很深的怨氣，痛苦無處可訴，也無法傾訴給人聽。

影響C行動的是內在，他掛網時的冰山。但還有一個影響關鍵，他成長的「歷程」，是形成他此刻冰山之因。

他的家人只看見表面，因此想要改變C的行為，但他們忽略了C的內在，忽略是C的內在影響了外在，也忽略了C的成長歷程。

正因為家人指責、說教的應對，形成C今日的冰山狀態。

若是C的內在改變了，行為就不是問題了。

父母若想要改變C，則需改變孩子的內在。**要改變孩子的內在，父母需改變自己的應對方式，多與孩子對話。透過對話了解孩子，讓孩子擁有覺察、改變內在的狀態，進而改變行為。**

李崇建談冰山之渴望

C是怎麼成長至今天的？他此刻的狀態，是怎麼形成的呢？

在下一頁的冰山圖中，冰山圖所呈現的脈絡，即是大腦運作的路徑，大腦承襲著祖先、父母的基因遺傳，還有環境給予的影響。

出生之前的影響，被歸類為人的基因。出生之後的影響，則取決於成長的環境，以及成長期間如何被對待：自然環境的對待、人文環境的對待，父母、家人、同儕與老師的對待。而大腦對環境的適應，會產生各層次的影響。

隨著時代進步，大腦科學研究快速發展，據科學研究顯示，嬰兒出生後的六個月，大腦已發展到成人的百分之五十。大腦的主要發展，大部分在十八歲以前，可視為人的內在塑造，內在與行為息息相關。

這裡不妨試著推敲一下，沉迷網路的青少年，有何成長歷程。或者反過來探問：什麼樣的成長環境下，青少年比較不易沉迷網路？

心理學家、教育專家、社會學家與腦神經科學家所給予的共同答案，是**愛**。

愛是一種體驗，不需要任何理由，是冰山的渴望層次。

後面我將以故事、大腦結構與心理實驗，推敲冰山的「渴望」層次。

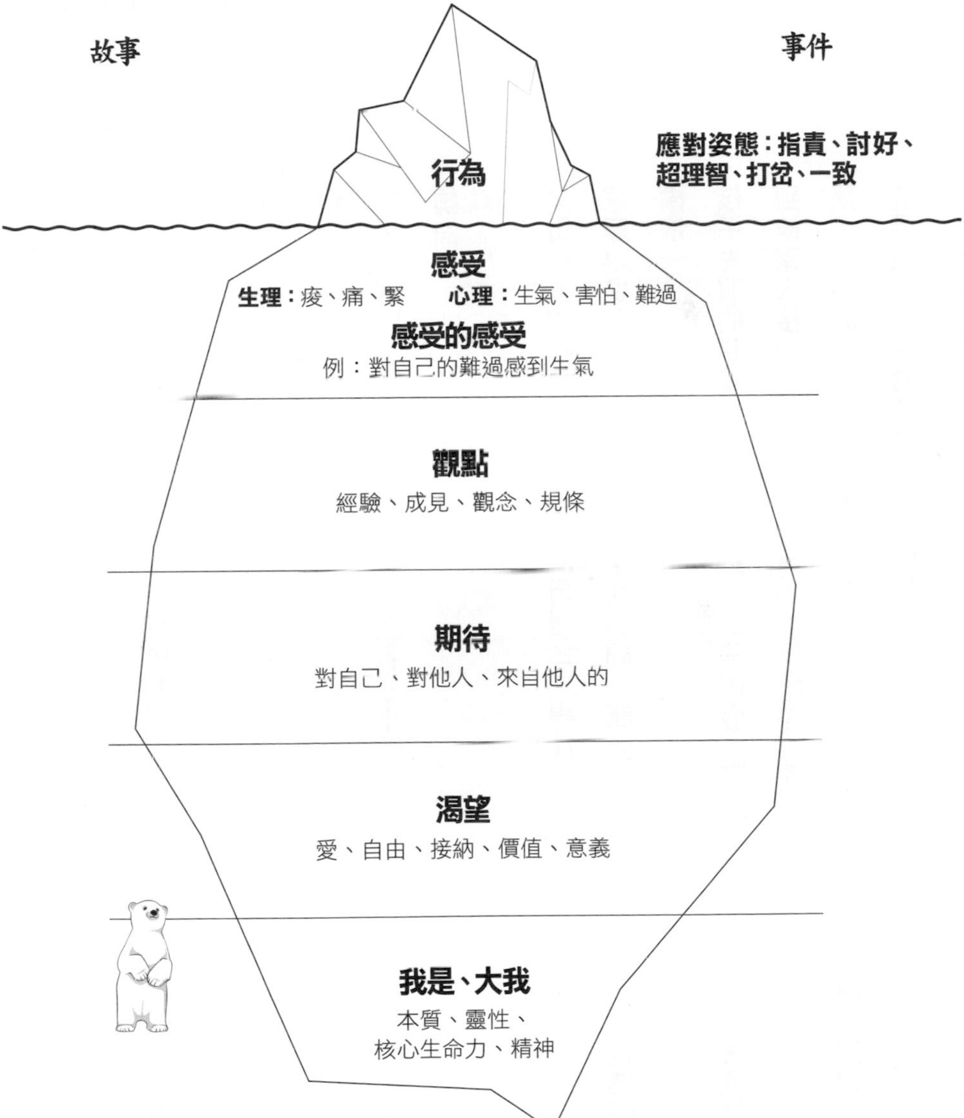

據科學研究顯示，嬰兒出生後的六個月，大腦已發展到成人的百分之五十。
大腦的主要發展，大部分在十八歲以前，可視為人的內在塑造，內在與行為息息相關。

李崇建
談冰山之渴望

・「我是個垃圾」

一個家長焦慮地來找我。表示孩子有自殺傾向，不僅在作文中提到，也對同學提過幾次，手腕上還有刀劃過。

這位爸爸困惑不解，家庭一直都很和諧，夫妻相處都很美好，為什麼孩子變了，還說自己「一無是處」？

我提了幾個問題，詢問這位爸爸。讀者亦不妨思索，下列的幾個提問，你的家庭是否擁有。

- 父母在家與孩子互動多嗎？父母是否「專注」地互動？
- 家庭中是否刻意安排一段寬鬆的時間，讓大家聚在一起活動，並且感覺「親密愉快」？
- 孩子失敗的時候，是否「傾聽」孩子內心，了解孩子在意什麼？孩子是否能感到被家人接納，感到這樣的自己，也是充分被愛的？
- 孩子犯錯的時候，是否被「溫柔」指正？孩子是否被深入了解，感覺到身為人的價值？他是否感受到了被信任與安全感？

上述這些提問，都是在建構孩子的「渴望」層次。

爸爸開始細細思索。但他發現上述的問題，若非否定，就是不確定。

很遺憾的是，現代家庭若欠缺這些，孩子就不易體驗愛，家人之間連結力弱，孩子的渴望層次也常不連結。

我想起一個故事，主角是十一歲的少年，他的新聞曾上了報紙。

少年平常很聽話，沒有偏差行為，直到少年成績落後，父親才發現少年的祕密：原來少年竟然偷偷上網，還寫了很多網路小說。

父親查看少年的書包，發現少年寫的小說，憤而撕掉少年「無用」的作品，並嚴格要求少年：不許再上網咖，不許再寫網路小說。

少年都答應了。

為了讓少年守規矩，父親到學校找老師，請老師配合寫聯絡簿，記錄少年的放學時間，要少年按時回家，不讓他在外遊蕩，不讓他去網咖玩。

少年遵守了約定，每天按時回家。

這天傍晚，放學了，同學們一同走回家，同行的孩子嘲笑他：「你又要回家當乖孩子了。」

少年不甘示弱回應：「誰是乖孩子呀？」

同學譏笑且刺激他：如果不是乖孩子，就一起上網咖打遊戲。

少年為了證明自己能被同學認同，這樣他內在才感到有價值，他決定跟同學上網咖、打遊戲去了。

打完遊戲，少年返家時心情忐忑。他推開家門，已經晚上八點鐘。他爸正在客廳看電視，少年躲避過父親的視線，從沙發後面繞過去，偷偷回房關起門來。

奶奶敲他的房門，要少年吃晚飯。少年推說不餓，明天還要考試呢！

少年沒有吃晚餐。隔天一早起床，收拾書包去上學時，他父親還沒起床。

社區安裝著攝影機，拍到少年進入電梯。

少年在電梯駐足，看著樓層按鈕一分鐘，彷彿猶豫要到幾樓。他家在七樓，應該搭電梯到一樓，背著書包上學去。但是少年沒有上學，他按下二十三樓的按鈕。那裡是大樓的頂樓。

少年從二十三樓跳下來，成了一個小飛俠，沒有遺書、沒有遺言，只有書包裡散落一地的作業。

少年的家人不敢置信，他父親更不能相信，家人那麼愛少年，怎麼會發生這種事？

少年的父親悲痛欲絕，到學校收拾少年的遺物，發現少年的座位抽屜裡，還有好幾本筆記，都是少年寫的小說。其中一篇，少年取名為〈魔獸前傳——守望者傳〉，開篇的幾句話是：

我是個垃圾。

我就是個垃圾，賽納不理我了，宙斯也不理我了。我就是個垃圾……

少年的父親不相信，為何他的寶貝，會覺得自己是垃圾？爸媽都很呵護他，一直都很愛他呀。

為何少年會覺得自己是垃圾呢？再回到前面那位家長，為何高中女生會說「我一無是處」呢？

兩位爸爸都不了解，到底發生了什麼事，家庭看不出問題呀。

「我是個垃圾」以及「我一無是處」，是冰山的自我層次。

這兩位青少年的「渴望」層次，應該覺得「無意義」、「沒價值」、「不接納」，以及「不值得愛」。

前面提到沉迷網咖、十六歲的少年C，也這樣告訴我：「我糟糕透了。」跳樓少年的故事並不是發生在台灣，但我身邊也有好幾起少年、青少年自殺事件。全世界的類似事件，每年呈現增加趨勢，台灣衛福部亦統計，台灣的青少年自殺率，一年比一年高。

不只青少年如此，即使過了十八歲，考上理想大學的青年，自殺率也愈來愈高。二〇二〇年十一月，台大期中考期間，五天傳出三起學生跳樓、上吊尋短的案件。即使考上台大了，內心亦覺得「自己不夠好」，可見「夠不夠好」都是內心的聲音，都是內心運轉的機制。而人選擇的行動，可能各有不同。

台灣有個樂團：「好樂團」，曾經唱過一首歌，〈他們說我是沒有用的年輕人〉。年輕人怎麼會沒用呢？他們的內在怎麼了？是怎麼被教育的，讓他們內心形成這樣的聲音？

什麼樣的人，內心能充滿力量，感到自己獨特美好，擁有高度的價值感，時時感到自己幸福？即使遇到了挫折，仍能好好的存在，擁有創造力與和諧？

下面有兩項實驗，說明愛來自溫暖的連結。

愛對內在發展至關重大

十三世紀的神聖羅馬帝國，有一位著名的皇帝，腓特烈二世。他具有語言的天分，能運用七種語言，他非常好奇：人類如何學會語言？是先天就有能力，還是靠後天學習而來？

他做了一個知名的實驗。他找了一批健康的嬰兒，脫離原有的父母，放在皇宮中撫養，讓保母照顧孩子，給予正常的飲食，但是保母不對嬰兒說話、不可目光交會、也不能擁抱撫摸他們，即使嬰兒哭鬧了，也不能理睬。

腓特烈二世想研究，在這種條件之下，毫無任何「母語」，也沒有社交往來，孩子會說哪一種語言呢？

嬰兒被如此對待四年後，終於擁有社交生活，可以跟人接觸了，但是他們不會說話，全部都智能不足，且在成年之前全夭折了。

波蘭作家古斯塔夫・赫爾林・格魯德欽斯基（Gustaw Herling-Grudziński）寫道：

「沒有奶媽的說話、微笑和撫摸，這些孩子無法活下去。」

為什麼如此呢？

前述提到腦神經科學：「嬰兒出生後的六個月，大腦已發展到成人的百分之五十。」大人對孩子的擁抱、撫摸與說話，會影響孩子的大腦發展。

舊年代的世界各地，曾傳出被狼、豹、狗等其他動物養大的孩子，都無法融入人類社會，他們終其一生都不會人語。這些非人類撫養的孩子，一出生就跟著動物，脫離了人類社會。即使是五六歲被發現，被帶回了人類的世界，但他們身體的構造、內心的感受、內心的思維以及生物的行為，都與人類社會格格不入，並且很早就死亡了。

另一個美國心理學家哈洛（Harry F. Harlow），在二十世紀進行了一項備受爭議的「恆河猴實驗」，更加廣為人知，影音媒體上還有當年的錄影。

哈洛將初生的猴子和兩個玩偶放一起，一隻是絨布玩偶，一隻是鐵絲紮的玩偶。哈洛以這兩個玩偶，假扮小猴的代理媽媽，並在鐵絲玩偶的胸口，塞了一個奶瓶。

初生的小猴子，突然脫離母親懷抱，被丟進籠子裡，無助地縮在角落，驚慌地嘶吼哭泣。經過了幾天，小猴子才停止嘶吼，跑去緊抓著絨布玩偶，將臉埋在它的胸前磨蹭。也一直到牠肚子餓了，小猴子才離開布玩偶，跑到鐵絲玩偶身上喝奶，但一喝完奶，又跑去抱著絨布玩偶。

如果實驗室中只有一個鐵絲玩偶，那麼，小猴子喝完奶之後，就會跑到角落躲起來，也不跟鐵絲玩偶親近。當實驗人員放入機器人，小猴子見了，卻害怕地縮在角落，並未去抱鐵絲玩偶，而是一直在角落害怕地躲著。

如果實驗室中只有一個絨布玩偶，那麼小猴子會依偎著絨布玩偶。實驗人員再放入機器人，小猴子見了之後，會去抱緊絨布玩偶。一段時間之後，小猴子大著膽子，下來觸碰機器人，再跑回絨布玩偶身邊。再一段時間之後，小猴子的膽子更大了，牠會跑去逗弄機器人。逗弄的時間很久，小猴子一點也不害怕了。

每隻小猴子的反應，都是同樣的狀態。

哈洛的實驗很殘忍。他又進一步做了實驗，在絨布玩偶身上安置機關。絨布玩偶會突然對小猴子攻擊，噴射出強勁氣流，或者射出冰冷水柱，還會突然伸出鐵爪，刺傷小猴子。受到驚嚇的小猴子雖然立刻跳開了，卻仍然一而再、再而三地回頭去擁抱絨布玩偶，一點也不親近鐵絲玩偶。

當這些小猴子長大了，會是什麼樣的個性呢？牠們都沒有母猴陪伴，陪伴者是鐵絲玩偶，或者是絨布玩偶，小猴子離開籠子之後，被放回猴群中生活。

被放回猴群的小猴子，完全無法融入群體。牠們不只會攻擊猴同伴，也有自殘的行為，甚至不懂得交配。

哈洛用強硬的手段，讓成長的猴子生育。這些被無生命猴子帶大的猴子，在成為一位母親之後，無法勝任母親職務。有些對小猴置之不理，有的還會傷害幼猴。

在腦神經研究日益發達的今日，科學家有了新發現：**原來照顧者的擁抱、撫摸，與幼兒的說話互動，影響孩子的大腦甚鉅，也會影響孩子的人格**。

所以，童年創傷指數（Adverse Childhood Experiences，簡稱ACE）將十八歲以前如何被對待，包含爸媽打罵、爸媽婚姻失和，都歸納成童年創傷，因為這些都對孩童的發展有著巨大影響。

甚至剛出生的嬰兒，若只是放任他哭，長久無人擁抱、無人呵護或與之連結，嬰兒成長之後，會特別容易發怒。若是父母失功能，家庭長期處於失和的狀態，孩子的大腦容易處於警戒狀態，進而影響孩子的內在，容易注意力不集中，甚至有情緒障礙的狀況。

因此，在孩子的成長期，是否擁有溫暖健康的家，對孩子的內在至關重大。

家庭中的主要照顧者，對於孩子的照顧，是否有更多的連結，比如溫暖的對話、肢體的擁抱與碰觸，對孩子的發展影響深遠。家中的主要照顧者，是否專注對待孩子、情緒是否穩定，對孩子的發展亦重大。

加速的年代，失溫的教育

讓我們回過頭來，檢視「我是垃圾」的少年、「我一無是處」的女孩，以及沉迷網路的C，他們都有「看起來完整」的家庭，但為何卻有如此心理狀態？

我的評估意見是，關鍵在於「互動」，以及家庭是否有溫暖的連結。

這是我基於與數千個孩子、父母、家庭的談話經驗，綜合著大腦發展的一個揣測。

前面提及孩子需要連結，需要的是「一來一往」的互動，這影響大腦發展甚鉅。當孩子哭了，便需要被抱起來，需要被人呵護，需要大人跟他溫暖地說話。比如，當孩子哭泣了，奶奶會抱起他：「寶貝，你哭啦。怎麼哭啦？你想奶奶啦？」

假設孩子聽到，哭得更厲害了，奶奶會說什麼呢？

「乖，奶奶在這兒，奶奶抱抱。」奶奶會搖晃著孩子。孩子漸漸不哭了，也許還笑了出來。

奶奶會逗孩子：「笑啦！寶貝……」

孩子一邊笑，奶奶一邊跟孩子說話。

無論孩子懂不懂，孩子會以微笑、肢體訊息回應奶奶。這就是一來一往的互動。

奶奶充滿愛，孩子也接收愛。

健康美好的狀態下，照顧者有幾個特質：**擁抱孩子、專注與孩子連結、一來一往的互動、和諧的情緒，以及充滿愛的給予**。

當孩子日漸長大，父母是否有時間陪伴，是否專注陪伴，是否和諧對待，有沒有一來一往的互動，都成了非常細膩的關鍵，看似細微，卻會帶來影響。

孩子三歲後，父母開始大聲吼、情緒狀態不佳、太多強制意見、不懂陪伴孩子失落……這些狀態往往沒有「互動」，準確地說，缺乏「一來一往」的互動，因為父母要孩子「聽話」。

設想一個孩子，父母要求他聽話，其中沒有「好奇」的對話，只是給予一個道理、一個答案，對話就停止了，或者未了解孩子的內心，那麼，孩子的「冰山」各層次，會是什麼狀態呢？

比如，孩子考試失利，感覺失落悲傷，父親會安慰孩子：「不要難過，下次再加油。」這時，孩子的冰山各層次，有沒有「可能」如下：

- **感受**：仍然難過？對自己生氣？

・**觀點**：認為成績好才重要？
・**期待**：期望自己再努力、期望父親別失望、期望父親以自己為榮。
・**渴望**：自己不值得？沒有價值感？不接納這樣的自己？
・**我是、大我**：自己真沒用？自己真糟糕？

當父親安慰孩子：「不要難過，下次再加油。」這樣的表達，已經很溫暖，也很關注孩子。但每個孩子的冰山不同，為什麼有些孩子，仍有「可能」如此呢？

這牽涉到很多層面，但**最重要的，是日常對待**。

那麼這時父親安慰孩子：「不要難過，下次再加油。」孩子可能會有力量。

如果父母看重「人」，而非看重「表現」與「成績」，孩子在家常與父母互動，孩子的渴望層次將穩定，不會感覺自己「沒價值」，也不會覺得「自己真沒用」。

如果家庭的互動，都是單一的說理、指責與命令，家庭的互動不流動，那麼，當孩子考試失利，父親安慰孩子：「不要難過，下次再加油。」孩子的冰山渴望層次，以及自我層次，就有可能是：「沒有價值感」、「自己真糟糕」。

所以，當孩子說「我是個垃圾」、「我一無是處」，其形成的原因，就有了一個線索。

過去的年代，資訊不流通，父母、老師的話，大家比較願意相信，權威相對穩固，社會秩序亦是如此。如今的年代，美國專欄作家湯瑪斯．佛里曼（Thomas Loren Friedman）稱為「加速的年代」——資訊大量流通，不只權威被解構，孩子、學生與一般人，較之過去也更易反抗，甚至忽略權威的存在。

現在，一旦孩子與家人的關係缺乏深刻的、實質的互動，尤其缺乏深刻的連結，那麼孩子容易進入社群取暖，或者進入網路的影音世界。這對大腦的影響尤其大。

這也說明如今的年代，當父母很不容易，當一位教師也不容易，比過去面臨更大的挑戰。社會上的自殺率、精神疾病與情緒障礙，年年大幅成長。孩子不服管教，拒學與叛逆的現象大增。

過去的年代，爸媽回應孩子是命令、道理與指責，帶來立即的負面影響較小，少見學生出現問題，或多半只是潛藏於內在，今日則大不相同。如今的年代被解構，孩子脫離襁褓後，有了行動、語言的能力，若家庭的主要照顧者有著溫和穩定的狀態，那麼孩子的內在相對穩定，孩子行為偏差機率理應較少。

我的觀察與歸納：孩子成長期間，若是主要照顧者偏向說教、命令，或者忽略，缺乏一來一往的溫暖互動，孩子出現狀況的機率偏高；若主要照顧者經常焦慮、煩躁、生氣或沮喪，孩子出現狀況的機率也偏高。

過去的事件，影響深遠

人類的大腦發展，在嬰兒時期成長迅速，需要大量的溫暖，也需要大量被照顧。十八歲前大腦仍在發展，因此被對待的方式若粗暴，成長之後將持續受到影響。貝塞爾・范德寇（Bessel van der Kolk）醫師在《心靈的傷，身體會記住》（*The Body Keeps the Score*）中，談重大創傷、童年創傷對人的影響，表明過去的生命經驗，會在身體裡被記住。

身體如何記住呢？比如內心莫名焦慮、煩躁、不安、害怕、緊張、悲傷……一遇到特定的事件，身心的感受容易被挑起。

這裡分享兩個案例，看看過去的事件如何影響一個人。

·七歲與三十三歲的冰山

阿南是三十三歲的工程師，與妻子養育三個孩子。

夫妻為小事吵架，本不是問題，問題是兩人吵架後，阿南常常與妻子冷戰，往往歷時半年，夫妻關係緊繃，家庭氣氛也受影響。

我與阿南夫妻對話，邀請他們扮演應對姿態。我發現，兩人意見不合時，爭執的姿態是指責，以及超理智的姿態：吵架後，妻子因為感覺疲累，轉身不再說話，先生見妻子沉默，也隨之冷戰。這時兩人的姿態，就是「打岔」的姿態。

妻子心腸軟，幾個小時後，恢復跟先生說話，甚至低聲下氣道歉，以討好姿態面對先生，但先生卻冷戰不語。

每次吵架後，都變成這樣的情況，妻子感到很挫折，且一冷戰即是半年，她感到壓力極大。

了解夫妻的應對姿態後，我與先生有一段對話，記錄如下。

我：「冷戰的時候，想跟妻子和解嗎？」

阿南：「不想。」

我：「發生了什麼事，讓你不想和解？」

阿南想了一下。「不知道。我就是不想。」

我：「從小到長大，你曾經有被忽略？或不被重視過嗎？」

這個問句，來自我的觀察：妻子不說話，是因為吵架吵到累了。阿南不說話，則來自妻子的沉默。

當被人沉默以對，某種程度就是被忽視，以及不被重視。

阿南聽了我的問句，臉色變了，點點頭說：「有。」

我：「幾歲的事？」

阿南情緒激動起來：「七歲時，我媽為了賺錢，成為職業婦女，要去別的城市工作。」

我：「這對你的衝擊大嗎？」

「很大。」阿南開始流淚，一邊陳述：「爸爸不希望她去。爸爸說如果她去了，兩人就離婚吧。」

我：「媽媽去了嗎？」

阿南眼眶泛淚：「他們大吵一架。我媽寧願離婚，也要去工作。」

李崇建
談冰山之渴望

幸福的奧義

我：「他們離婚了嗎？」

阿南落淚，點點頭。

我：「你還記得嗎？當時七歲的你，有什麼感受？」

這裡探索的，是七歲的冰山。我想知道阿南受到這個事件衝擊，對今天是否有影響，他自己是否有覺察。

阿南：「我很生氣，心裡很難過，也很受傷，還有孤單、無助。」

阿南說到這裡，眼淚不斷落下來。

我又進行觀點探索：「對於媽媽的離開，你有什麼看法？」

阿南：「我覺得媽媽不要我了。」

我：「當時你期待媽媽留下嗎？」

阿南：「我希望媽媽留下，希望她不要走。但是媽媽要工作，不要留在家裡。我覺得是自己不乖，所以媽媽才不要我。」

阿南最後的幾句話，正是渴望的層次。從期待層次進入，可看見未被滿足的期待，形成阿南與渴望不連結。

阿南突然跟我說：「老師，當我說到媽媽離開，帶給我的那種感覺，跟我老婆不理我的時候，感覺一模一樣。」

阿南跟妻子吵架，妻子一旦轉身、不再搭理阿南，阿南的冰山各層次，也驅動著他當年的記憶。這是身心的記憶，但是他從未辨識，只是隨著慣性反應，頭腦再來做解釋。

這個解釋會有何問題呢？很容易讓他走向七歲的解釋：「你為什麼要這樣？難道是我不夠好？我覺得你不要我了……」而不會進入全貌思維：「老婆怎麼了？怎麼不說話了？」「我怎麼會那麼生氣？我怎麼會有受傷感覺？這是我要的互動面貌嗎？我可以做些什麼？」

我問阿南：「當時你有跟媽媽說，你希望她不要離開嗎？」

阿南搖搖頭：「什麼都沒說，我跑去躲起來了。她離開的那天，我躲在後院哭，讓她找不到我。」

阿南跑去躲起來，也是一種打岔，也是不說話。當老婆沉默了，他也不說話，跟孩提時的方式一樣。

我再探究七歲的阿南，當時冰山下的狀態。「你怎麼跑去躲起來呢？」

阿南：「我說了，也沒有用。我害怕她不理我。」

我：「你與妻子的冷戰呢？原因是什麼呢？」

阿南：「到這裡我明白了。我以前沒想過，原來我也怕受傷，所以才不理她。」

我：「後來媽媽回來了嗎？」

阿南：「兩年後，媽媽回來了，但是爸爸不要她了。爸爸告訴我們：『是她先不要我們的。』爸爸不要我們跟媽媽聯絡。」

我：「所以一直都沒聯絡嗎？」

阿南：「媽媽很想見我們，但是我很生氣，我的心裡其實很複雜。我也想見她，但是又不想理她……老師，我發現冷戰之後，老婆求我的時候，我心裡也是這樣：『誰叫她先不理我！』跟媽媽回頭找我的感覺一模一樣。」

我：「你跟太太的關係，你想要得到什麼呢？」

阿南：「我想要和諧。不要這樣冷戰。」

我：「你剛剛告訴我，『冷戰的時候，不想跟妻子和解。』現在，你怎麼改變啦？」

阿南：「我現在想要和解。我不想再這樣下去。」

阿南七歲時經歷媽媽的離去，當時的冰山，一直在阿南的生命中，留下鮮明的印記。即使他愛老婆，當老婆不說話，他就感到被忽略，甚至有被遺棄感，**因為他的內心世界，對母親存有生氣的情緒。他的渴望層次，不覺得自己值得**。

這也是「心靈的傷，身體會記住」。

·十歲女孩的記憶

參與工作坊的Z，是一位溫暖的醫師。她在課堂上舉手分享，分享到了某個段落，她覺察到自己的身體在顫抖。

Z停下來，說：「老師，我的身體在顫抖。」

我邀請她感覺這分顫抖，並且允許這分感覺。

當她專注地意識這感覺，她的顫抖瞬間加劇。恐懼與悲傷的情緒，瞬間從身體湧現，眼淚大量滑落。

是什麼樣的故事，讓她的情緒埋藏這麼久，並且在此刻湧現？

她開始述說故事，從她的顫抖、她的恐懼與眼淚，延伸出來的故事。鏡頭瞬間回到過去，來到小學五年級教室。

五年級僅只十歲吧。Z成績向來不錯，前一天班上小考，她考了一百分。考卷需要帶回家，讓家長簽名，但這個十歲的女孩忘了。

若我考了一百分，早就拿給爸爸簽名，還會拿給媽媽簽名，因為一百分是光榮印記，但我很少考一百分。可見這個十歲的小女孩忘記讓家長簽名，並非出於逃避。

隔天，女孩到了學校，突生一念：那就自己簽名吧！她模仿媽媽的字跡，自己簽名後，交出去了。

可能簽名字跡太稚嫩，也許充滿著童趣，被老師的「慧眼」識破。老師在眾目睽睽之下，賞了女孩兩巴掌。老師教訓了她的行為，教訓的字眼很重，態度很嚴厲。

老師手口並用教訓完畢，但事情仍未終結。老師從女孩的座位，扯下她的書包，往教室窗外丟。書包裡的物品掉出來，如天女散花一般。

這一幕，Z描述了窗外的陽光，描述窗外的景色，描述物品落下的姿態，一切彷彿慢動作進行。

隨後她被罰站，在自己的位子上。她的座位在教室中間，所有人都坐著上課，只有她在教室正中央罰站。她的位子上沒有書包，桌上沒有課本，因為書包與課本都在窗外。

她陳述自己像「透明人」，被所有的人無視。所有人都無視她的存在，課堂繼續在上著課，彷彿與她無關。

德蕾莎修女說：「愛的反面不是仇恨，而是漠不關心。」她描述那段回憶，流著眼淚的臉龐，還帶著一絲微笑，透露著一種天真，予人一種疏離之感。

她怎麼能不疏離？那單純天真的心靈，以十歲的視野探索，看見世界如此面貌，內在瞬間崩毀。這是十歲女孩的冰山。

她有個溫暖的母親，不認同老師的做法。雖然母親未到校抗議，卻提出轉學的選擇。她並沒有選擇轉學，母親也尊重她的決定，但是她的傷痕也未轉走，而是永恆留在身心。

轉眼，女孩小學畢業，升上了國中。

國中一、二年級，應該是十三、四歲的年紀，已經是青少女了，這時的她，脫離曾經的傷痛了嗎？

少女上了國中之後，有天放學後，她騎自行車返家，心情很輕鬆。當她騎車接近紅綠燈，車子突然失去控制，她握不住把手，腳也無法有節奏地踩踏，因為身體瞬間凍結了。

車子瞬間失控，打了結一般，主人突然摔車。因為少女的心靈打結了。她跌坐馬路旁，久久不能自已，嚎啕大哭起來。

她哭的不是摔疼了，不是自己技術不佳，也不是自己不謹慎，而是哭自己真沒用……

她看見了什麼景象，令她瞬間摔倒，而且氣自己沒用呢？

她看見國小老師了。當年那位賞她耳光、指責她、摔她書包、罰她站的老師，正站在路口等紅綠燈。

對這個少女而言，這是無比恐怖的一幕。

她小學時被那位老師霸凌，雖然已升上國中，路上再次遇見老師，身體還是瞬間凍結了。

所幸女孩有個溫暖的媽媽，女孩很努力上進，一路努力讀書，成了溫暖的醫師。

但是她內在的創傷，仍然存在。

當年她還是個小女孩，眾目睽睽下被侮辱，留下來的影響，除了見到老師身體凍結，也使得她日後有個心魔：不敢當眾講話，不敢對群眾演講。

因此當她在工作坊，突然意識自己當眾分享，身體突然抖動起來，但思考還跟不上來，不知道怎麼回事。當她專注於顫抖，心裡的悲傷、恐懼情緒湧現，一股能量突然衝出。創傷潛藏在身體裡，不是理性能控制。

心靈的傷，身體會記住。

冰山各層次

大腦的運作很細膩，不只重大事件，有時看來很小的事件，也許只是某人的一句話，都能讓傷害埋藏一輩子。

冰山的各層次，是從生長到此刻，內在形成的狀態，彷彿大腦刻下的印記：

- 從童年直到成年，被這個世界對待所形成的生氣、煩躁、沮喪、恐懼、無助……這些**感受**，是否還在身體裡？
- 從童年直到成年，從這個世界學來的，對世界、對人，甚至對自己的**觀點**，適合此刻的自己嗎？對自己是好的嗎？

李崇建談冰山之渴望

・從童年到此刻，未滿足的**期待**，是否還在影響呢？
・從童年到此刻，感覺自己有**價值**嗎？能**接納**自己嗎？
・自己是很棒的人嗎？很有生命力嗎？

這些是冰山的各層次。

平常自己的狀態如何？遇到衝擊的時候，狀態又是如何？會怎麼樣面對世界呢？

沉迷網路的C，面對他的課業，選擇的應對方式，就是沉迷網路。

高中女孩透露：「我一無是處。」她選擇寫作文抒發，跟同儕傾訴，拿刀子劃手腕，這些都是呼救。

跳樓的少年，選擇的是跳樓。

少年C的父母，經常對C大吼，C覺得父母不理解他，所以靠上網放鬆。網路上的遊戲、網路上的朋友，都能夠理解他。

高中女孩曾經功課好，爸媽安排她補習，也學各種才藝，但是女孩不快樂。因為女孩在家的意見，總是不被重視，爸媽以為自己開明，女孩卻說爸媽專制。爸媽若能多傾聽，多對女孩有些好奇，女孩就有機會更健康。

跳樓的少年，爸爸撕掉小說，禁止他去網咖。少年晚回家，爸爸卻不知道；少年早晨上學，爸爸仍在睡覺。這幅圖像在我眼裡，家庭文化很不和諧，因為家人沒有深刻互動，沒有深刻的連結，少年應感到孤單，感到自己不需要存在。

我們培養出了什麼樣的孩子？我們又是怎麼長大的？如果孩子已經出現狀況，可以怎麼對待呢？如果出現狀況的人是自己，可以如何自救呢？

透過冰山的探索，我們可以得到答案。

以車比喻冰山各層次

最後我以車子，試著比喻冰山。這個比喻的目的，是欲將渴望、自我的層次，與其他層次區別，雖然不完全恰當，但有助於識別渴望與自我層次。

如果人是一輛車，冰山最上層的行為以及應對姿態，就是車子的運行狀態。冰山中的感受、觀點與期待，則是車子的引擎，象徵引擎運轉的速度、運轉的方式、運

李崇建
談冰山之渴望

轉的流暢度。

冰山中的渴望：價值、意義、愛、接納、自由、安全感、信任感，則是一部車子的能源。能源是否純淨、帶來何種動力，端看灌注的是何種能源。

冰山的自我層次，是車子的材質、組裝、動能輸出與形式，也是一輛車的靈魂。自我層次與宇宙關聯，與萬物相互呼應，當能體驗自我時，就能體驗存有的大我。以車子的比喻來看，宇宙有其他車子、器具、道路……既是獨特的存有，又無法獨立存有。

回到渴望的層次，在成長過程所被賦予的愛與照顧、被給予的自由與接納，將形成一個人的能量，滋潤一個人的情感思考，也奠定著一個人的根基，知道「我是誰」。

第二章

冰山是內在工程

內在是人的根源

朋友M從事自由業，經濟狀況沒問題，工作時間又可掌握，但他將重心放在工作，努力忙於賺錢，生活品質大打折扣，也疏忽了家庭。

既然從事自由業，應該調整工作比重，求更好的生活質量，但是他並不願意。他的身心彷彿被困住了，常抱怨自己很疲憊。

為何不做出調整呢？M給出一個理由：「我沒辦法調整。如果我不多賺點錢，我會感到很害怕，沒有安全感。」

無論局外人怎麼說，也無法讓M改變。

M的例子很常見，生活陷入循環，卻又不得不如此，M感到相當無奈。但局外人亦常感嘆，既然工作時間自由，經濟條件又許可，為何不調整時間，讓生活品質更好呢？

以冰山圖像檢視，「時間用於工作，努力忙於賺錢」是冰山上層的事件。那麼，從M的說法看來，驅動M努力賺錢的，是什麼力量呢？

看來是M的「害怕」與「不安全感」。

透過探索，覺察與改變

M若要解決受困狀況，不是減少賺錢時間，也不是增加賺錢時間，而是探索他的「害怕」。不讓「害怕」主宰他，減少「害怕」對M的控制，讓M脫離慣性的思維，脫離慣性的應對迴圈。

當M能面對「害怕」，理解、掌握、減少或者克服「害怕」，那麼M是否要賺錢，要投注多少時間，他都可以自由決定。

冰山是個內在工程，當內在改變了，外在的問題就不是問題了。

如果M願意探索，願意當自己的主人，而不是讓害怕當主人，我會對M進行提問，以下羅列可能的問句：

- 不投入工作，你會害怕呀？你要談談害怕嗎？
- 你害怕什麼呢？
- 這個害怕多久了？
- 這個害怕怎麼來的？
- 類似的害怕，是從小就有呢，還是出社會工作才有的？或是進入家庭之後？
- 引發你對金錢害怕的那個事件，可否說說？
- 那個事件帶來什麼樣的衝擊和觀點？對你是好的嗎？
- 你怎麼看待害怕？
- 你期待害怕減少嗎？
- 你想做害怕的主人嗎？
- 你願意靠近害怕嗎？

・當你害怕的時候，你是有價值的嗎？

・你接納害怕中的自己嗎？

・當你害怕的時候，你怎麼看待自己？

這樣的談話，圍繞著年表與冰山，旨在探索過去的影響，以及內在的衝擊。**透過探索，讓M覺察，讓M決定自己、成為自由的人**。而最後三個問句，落在「渴望」與「自我」層次，也是問話的目標，讓M面對生活、工作時，能感到有價值，接納自己，感到自由，體驗自己的能量，體驗自己的生命力。

「害怕」是感受層次，位於冰山水平面下。一般人知道自己害怕，卻不知道自己被害怕控制，不知道如何靠近害怕，不知道害怕從何而來，也不知道如何應對害怕……

當內在的「害怕」成了主題，往水平面下的內在探索，問句就環繞著害怕的成因、過去的事件、對害怕的觀點、對害怕的期待、面對害怕時的渴望，以及害怕時的自我。

一般人看重問題，想從外部解決，卻忽略問題成因。若不從內在入手，往往徒勞而無功。

比如上一章的例子，沉迷網路的少年C，他的家人尋到了網咖，對著C的行為破口大罵，或者好言相勸，或者說之以理。家人重複著過去的應對，殊不知過去的應對，正是C如今沉迷網路之因。

探索C的內在，讓C覺察煩躁、改變觀點，讓C面對期待失落，讓C成為自由的人，感受到身為人的價值，C才會改變。

一般人想解決問題，透過的方式是說服、說理、命令，或者指責。即使對方聽懂了，也沒有辦法做到，因為**內在的改變需要深刻體驗**，**需要在渴望處工作**。

一般建議的方式是提問，亦即**好奇對方**。

透過表達，連結渴望

不只幫助人改變，當父母、教師、伴侶、同事或者朋友想要表達關懷，表達看重對方，想讓人有力量、感受到被重視、感到有價值，或者讓人感到被接納，這些都是渴望層次的連結。

但是一般人的表達，常常讓對方無感，反而得到反效果。

比如，妻子因為家事做不完而生氣，先生表達：「你辛苦了。」妻子不一定能感受到關懷，也不一定感受到自己有價值。

比如，孩子因為考試失利而失落，家長表達：「下次再加油。」孩子不一定能感受到自己被接納，也不一定感受到被愛。

原因是，**表達者對於被表達者有期待，而忽略了真正的接納**：先生期待妻子不生氣；家長期待孩子繼續努力。

表達者忽略渴望層次，有幾個要素。其一是表達者在表達時，需能連結自己的渴望。其二是表達者的表達，單純只是想傳遞連結，並非企圖解決問題。其三是表達者的表達，若能傳遞給對方，對方的渴望即能獲得連結；若不能連結，也能夠接納，持續給予關懷。

在冰山的隱喻中，渴望與自我層次，是不易理解的兩個層次。若僅以概念理解，很容易與觀點、期待混淆，初學冰山者常感困惑。

比如我有一個好友K，平常很注重養生，身體也一向健康，卻突然罹癌了。這對

李崇建
談冰山之渴望

K是個重大打擊。K住院、動手術，經歷痛不欲生的過程，身體幾乎撐不住了，甚至想要放棄生命。

手術完成後，K接著需要化療。他不願與人連結，將自己暫時隔離，不與任何親友互動。設想K的冰山，可能是什麼狀態呢？

- **事件**：罹癌。
- **應對姿態**：打岔。
- **感受**：驚嚇、害怕、徬徨、生氣、難過、沮喪、無助。
- **觀點**：為什麼是我？老天在懲罰我嗎？我不夠養生嗎？我不夠努力嗎？我哪裡做錯了？世界好不公平，世界遺棄了我，家人怎麼辦？我很失敗。
- **期待**：一切都是夢、自己沒有事、身體快康復。
- **渴望**：很沒有意義、很沒有價值、無法接納。
- **我是**：我很沒力量、我真是糟糕。

如果要去探望K，如何能讓K感覺好點呢？如何讓K感覺有力量、感覺自己很了不起，讓他有能量克服癌症，讓他生命的能量流動？不妨想想可以怎麼對話，以及如何表達。

K做了大手術，割除幾個器官，閉門在家靜養，但他允許我去探望。理由除了我們很親近，還有我的內在穩定，能接納他的狀態。我不會焦慮地嘆氣，不會給予他建議，不會嘆息為何如此，不會問東問西，徒增他的壓力。

我去K家探望他，他的精神狀況不錯。簡單關心之後，我邀請K對我陳述手術的疼痛和他心裡的轉折，我很想聆聽這一段。K同意了，並且開始敘述，我當一個聆聽者。當K敘說痛苦，我也彷彿感受到痛，感受到那分不容易。K的情緒透過述說，比較能夠流動，滯悶的感受運轉了，情緒不會鬱結在身體裡。

聽K說了兩個小時，我覺得K非常了不起，能夠捱過這一過程。K也覺得自己了不起。

我鼓勵K若身心穩定，且他願意的話，能跟幾位內在穩定、關係較親密的人連結，多重複敘述自己的經歷。第二次再見K的時候，K果然開放起自己，答應一位心靈學習者A，到家裡來探望他。

A來探望K的病。A果真善於傾聽，正當我覺得安慰，A突然對K說：「你喲！

李崇建
談冰山之渴望

幸福的奧義

你一定知道，自己為什麼變成這樣。」

我猜A想表達的是：K可以多覺察，重新給自己能量。但是A以「心靈導師」口吻說出來的這番話，聽在K的心裡並不好受，彷彿自己犯了錯，要扛起這一切的「果」。

A隨後說了一些道理。這個世界不乏道理，也不乏知識，只要上網搜尋，知識與道理一串。在影音網站上搜索，更可以得到很多方法。因此，**關懷一個人、讓人變得更好，不是給予知識，不是給予道理，也不是教對方如何操作**。

所幸K有所學習，懂得維護界線，知道如何愛自己，要A別再說下去。

可見即使心靈學習者，也未必懂得表達關愛，讓人體驗自己的能量。

已經罹癌的K，最需要的是內在能量。

人的能量來源，冰山歸類為「渴望與自我」。啟動一個人的能量，能讓他感覺有力量，產生幸福感，感覺安全與信任。

透過對話，助人連結渴望

要讓一個人感到有力量，感到生命能量，感到幸福和諧，這分能量的來源，很大的影響來自嬰兒期。

這時大腦的可塑性最強，若是狼孩子、豹孩子、狗孩子、絨布玩偶猴子、機器玩偶猴子、保母不能互動的孩子，這些情境下照顧養大的生命，與受到父母關愛的孩子不同，他們的生命能量不像「正常人」，不適合在人類社會中存活。

長期受忽略的嬰兒、被遺棄的孤兒、家庭失功能的孩子、不斷更換照顧者的孩子、家庭不和諧的孩子、缺乏關愛互動的孩子、主要照顧者內在不穩定的孩子，他們在成長期間發生偏差行為，或有情緒障礙問題的比例很高。在一般社群團體中，他們的生命能量也相對不協調，較不能融入群體，生命充滿浮躁感、不安感，較少幸福感、穩定感、價值感與意義感。

教養成長期間的孩子、教育學生，或者是對待朋友、招呼客戶時，以和諧溫暖的態度去互動，是眾所周知的原則。但是主要照顧者、教育者以及應對者，內在和諧與否才是關鍵，因為說出來的語言、做出來的應對，都會影響對方的感知，尤其是長時間的互動，影響更是深遠。

表達之外，多運用好奇

無論是教養、教育或任何情境下的互動，我過去提出的方式，是**邀請應對者覺察：應對姿態、語態、呼喚名字、停頓、專注互動，以及多用好奇**。

關於使用好奇的應對方式，很多父母、老師與為人子女者給我不少回饋，表示他們的關係瞬間得到改善。

腦神經科學家嘉柏・麥特（Gabor Mate），在紀錄片《創傷的智慧》（*The Wisdom of Trauma*）中說：「孩子受創了，不是因為他受傷，而是因為他無人訴說，只能獨自面對。」

「好奇的對話」，帶有幾層意義：

- **能帶來積極聆聽。**
- **是一來一往的互動，讓人感到安全和諧。**
- **能讓人訴說，內在能量流動，帶來深刻同理心。**
- **能了解對方，打破慣性應對。**
- **能讓人有所覺察，自己能意識到問題，進而深入渴望層次，帶來能量的流動。**
- **能帶來創造力。透過好奇，打開人的思維，而陳述句容易封閉思維。**

透過好奇的對話練習，若是深入運用，以連結人的渴望為目標，在面對行為偏差、情緒困難的孩子，或生命力不流動的成人、內在卡住的朋友時，將會有新的可能性出現。

「好奇的對話」遇到困難時，如何解決？

很多對話練習者在改變應對的過程裡，出現不少困難。我歸納原因及建議如下：

【問題一】對話引來對方反感，或者孩子不說話、感到不耐煩

・**原因**：剛剛轉換對話方式，對話可能太過刻意，過程比較粗糙。其次，轉換對話的方式，孩子也有可能不習慣，需要經歷一段時間。

・**建議**：孩子不說話或不耐煩時，可以探索孩子此刻的冰山，或者在回溯中探索，或者以表達做結束。邀請你刻意練習，在對話不順之處，將卡住的點記錄下來，重新思索、找夥伴討論，或者翻閱書中成功的對話。

【問題二】開始學習對話者，對話沒有得到效果

・**建議**：對話是連結彼此，不是為了解決問題。雖然不是解決問題，但是長期來看，一個能連結自我、健康負責任的人，會為自己做最好的選擇。

【問題三】自己的內在未照顧，說著自己就發脾氣

・**建議**：多練習跟自己連結。若有夥伴一起練習，當自己有情緒狀況，請試著探索自己的過去，深入自己的渴望，為自己帶來照顧。

有些時候，並不適合好奇的問句，比如一個人遭遇重大失落、處於生病虛弱的狀態、不想講話時。這些時候應尊重對方，不宜對人好奇。因為**好奇的基礎，來自於接納與尊重**。

前面提到的好友K，其母罹患阿茲海默症，每當他去見母親，他從來不會問母親：「你知道我是誰嗎？」「我叫什麼名字？」「你還記得我嗎？」他總是一見母親就自己報上名字：「媽，我是你兒子，我是K啦！」讓人倍感溫馨，這是他體貼母親的做法。

K在疫情期間，不能去療養院探視，每次以視訊探視，除了自報名字、稱謂外，他會表達對母親的尊敬，表達母親過往的辛勞，表達自己對母親的愛，完全不以好奇應對母親。

除此之外，我見過不少問句，是多半封閉的問句；也有主觀詮釋太強者，或者導向自己的期待者，我都建議與對話學習者討論，共同看見對話的問題。

說話是生活中的必需。若是對話能力強，在各種關係裡就更自由。

與自我連結的狀態

一個人的渴望若連結，較常處於和諧、穩定的狀態，生命能量豐沛，對當下更有覺知，更專注而自由，能為自己負責任。

只要好奇地探索，引導意識能量，幫助對方覺知，透過冰山的脈絡進入渴望層次，去看見自己的價值，接納自己的不足，讓愛的能量流動，生命力就能流動。

人常遇到外在紛擾，當外在遇到衝擊，渴望有時就斷了連結，或者影響比較久的時間。但只要能夠覺察，接納自己的狀態，就已經與自我連結。

渴望滿足了，與自我連結即深。這種能體驗深刻的當下，有人稱之為「合一」，大致可以與薩提爾模式的「一致」相提並論。

冰山底層的「我」這個層次，尚有靈性、存有與生命力等字眼，意味著當連結了自我，就能深刻體驗靈性。

但人非聖賢，甚難完全、永遠連結自我，除非是個「開悟者」。尤其遇到衝擊，或「期待」未被滿足時，內在難免會有晃動。然而，一般人若能常覺察，運用現代醫學證實的諸多方式，身心依然能逐漸連結，生命狀態常保穩定。

在成長期間被愛、被專注互動而連結的人，擁有更大的機會，能讓自己活出自在、穩定的狀態，活出和諧的幸福感。這與一個生命是否取得外在成就，並沒有絕對的關係，但一個內在自由、穩定和諧的人，更有機會獲致美好成就。

所以我這樣歸納：取得外在成就的人，比如事業非常成功，擁有好的社會價值，但並不一定與內在連結，也不一定擁有穩定與和諧。但是一個能連結自己、內在穩定飽滿的人，更容易感到幸福。如果此人願意的話，也更有機會取得成就。

追求外在，忽略內在

常聽聞有成就者，或身家過億、甚至超過幾十億的人，走向自殺的絕路，或是鋌而走險，過不了錢關、情關、名關，以及人際關。也不難想像，為何非常多資優生或表現傑出的孩子，因為在成長期間失敗，而走上關閉自我、沉迷網路或自毀人生的路。

我印象最為深刻的，是一位朋友H。

H自小即非常優秀，不僅考試名列前茅，也常在各類競賽中獲獎，一路都是名校畢業，最後成了執業醫師，也嫁給了一位醫師。兩人開了自己的醫院，生意非常好。

H育有三個孩子，家庭看來很美滿。但有次H找我，言談之間無生命力，彷彿生命無意義。

她的家庭沒問題，孩子雖有時調皮，但都不是太大的問題；夫妻間感情也沒什麼狀況，只是相處如公式。他們的物質生活極其滋潤，存款也非常充裕，但她感到年到中年，每天的日子無意義，不懂自己在追求什麼。

H從小很聽話，成長期間很優秀，但是內在少有連結。因為她的成長過程，都在

滿足他人的期待和社會認定的價值，而未探索自己的需求。

這裡很多人困惑，難道一般人在成長過程，都有探索自己的需求嗎？確實，升學主義下的成長，愈來愈少探索自己的需求，但除此之外，Ｈ還被各種才藝班、補習班等安排填滿。Ｈ並未喜歡，但是也沒不喜歡，因為她各項表現都很突出。她的時間被安排妥當，加上表現出色，很少有機會探問內在。

Ｈ沒有失落，甚至不知何為失落，即使偶爾成績失落，父母親都要她再努力。遇到其他的失落，父母親也跟她說不重要，只要考上醫學院，一切都會解決。於是，她沒有自己的時間，全部都用在準備考試上。

她形容現在的自己，似乎什麼都有了，但

就是心靈空了。如今的日子，若是讓她空閒下來，她不知道要做什麼。她不懂如何與自己相處。令她矛盾的是，每天規律的日子，讓她感覺不到意義，她形容自己像個機器人。

她和原生家庭的互動，彼此不談內心的感想，也很少一起玩耍互動。她想談自己的想法，卻覺得很不應該，因為爸媽要她好好讀書。她回想爸爸的愛，就是載她去補習班；回想媽媽的愛，是考試時為她熬湯，全都與她的成績有關。

爸媽的愛似乎不明確，是建立在她有沒有用功，有沒有考到好成績。她很難跳脫這樣的思維。因此她也極力培養子女，但是子女不符合期待，而且會反彈、抗議。她覺得心裡很累，生活也沒有目標。

一般孩子的成長，不會如此菁英養成，即使照菁英養成，親子間也應有互動交流。若孩子成績常跟不上，私下也會有打混的時間，與同儕交流彼此的失落。

在H的成長期間，依循著既定軌道，安定有序地成長，但是家人與她的關係，並未有深刻的互動，只是在一個形式裡存有。如今她的婚姻生活，與孩子之間的關係，也走入了一種形式，並不知深刻的互動為何。

那麼，H可以如何連結渴望呢？

連結渴望

連結渴望的意涵，就是讓人回到生命，體驗生命的價值感、意義感、接納感、安全感、信任感、自由感，被自己愛的感覺。這是生命的基礎。

若是H想與自己連結，碰觸生命中的能量，讓自己飽含生命力，首先需要讓自己在生活中停頓，透過靜心與正念，去體驗當下自己的狀態。然而一般人思考旺盛，與自己連結甚少，一旦要進行靜心、正念，需要有適合的引導，以及持續練習，才能體驗生命的和諧。

在每個生命的當下，不是透過思維進行，而是透過體驗去參與：在事件中體驗，在感受中體驗，在觀點中體驗，在期待中體驗，在渴望中體驗，去連結深刻的自我。這就是冰山的對話，帶領一個人去探索生命狀態的成因，增加生命的覺知，打開體驗的能力。

H如今的狀態，也能經由對話，回溯、覺知自己。其童年的成長歷程，許多心裡的感受、想法、期待，都未被她覺知與認可，只要在歷程裡重新體驗，就能體驗生命力。

但是一個順利成長、照社會期待長大的人，並不容易認識「渴望」，因為「渴望」需要「體驗」，並非只靠思考就能理解。

比如遇到一個事件，她內在有了憤怒，但她無法覺察憤怒、承認憤怒、接納憤怒，更不能專注於憤怒。或者憤怒瞬間不見，突然被打岔了，或被思考與道理占據；或者她內在有憤怒，但透過知識的吸取，知道要接納憤怒和事件的發生，專注覺察每個當下。

但是，概念上了解，並不等於自己接納了。很多時候其實渴望並未連結，這即是被「小我」欺騙了。

她的孩子不守規矩，她感到非常生氣。她很憤怒地指責孩子，孩子憤而甩門離開。她想要改變這種狀態，卻始終做得不夠好。

下面一小段對話，能呈現她所理解的「渴望」，只是一個觀點，而不是在生命連結，因此她並未「連結渴望」。

我：「你能接納自己的生氣嗎？能接納自己做得不夠好嗎？」

她：「我能接納呀！每個人都能生氣，也能接納自己做得不夠好呀。」

她說自己接納生氣，但這接納做得不夠好。這只是她的概念，是「她以為的她」。事實上，她不一定接納。接納是身心的感覺，不只是頭腦的層次。

我接著回溯：「你小時候曾有因為做不好而感到生氣的經驗嗎？」

她說：「不大記得。但是應該有吧。」

我：「邀請你深呼吸，想想孩子生氣甩門，你的內在感到生氣。」

她瞬間紅了眼眶。

我：「當孩子生氣甩門，你內在有什麼感覺？」

她：「我很難過，也很沮喪，還有生氣以及無助。」

我：「你難過什麼呢？」

她：「難過孩子怎麼這樣，也難過自己做不好。」

我：「你生氣什麼呢？」

她：「氣他太過分了。」

我：「還有氣誰嗎？」

她：「我很氣自己。」

我：「氣自己什麼呢？」

她：「我氣自己不是好媽媽，氣自己又生氣了。」

我：「你不是可以接納自己嗎？接納自己做不好，接納自己生氣。怎麼你會氣自己呢？」

她眼淚不停落下：「我沒辦法接納自己。我為什麼做不到……」

我等她一陣了，問她：「這種感覺以前有過嗎？」

她大概想到了過去，眼淚落得更多，這表示她接觸到了過去的自己：「小學畢業的時候，爸媽要我好好讀書，不許我畢業旅行，我生氣地吼了爸媽……」

我：「爸媽有說什麼嗎？」

她悲傷且憤怒地說：「我爸站在門外，罵我怎麼這麼不懂事，不懂得把握時間。他說：『父母為你好，你還任性發脾氣……』」

我：「現在的你，怎麼看那個生氣的女孩呢？」

她：「我覺得她很糟糕，怎麼可以對爸爸生氣……」

後續的對話，我省略了。此處可以看見，她所謂的接納生氣、接納自己做不好，並不是真實的生命，只是頭腦的概念罷了。但渴望層次不是觀點，也不是個期待，而是生命中的必需，也需要透過體驗去理解。

H的情況該怎麼辦呢？

若是透過對話，H需要先**覺察自己的情緒，去體驗過去自己不被允許的情緒、不被接納的自己**。如今H長大了，她有能力去愛自己，去愛當年未被照顧的自己。這個過程與大腦有關。當重新體驗了，意識真正改變了，自己的能量就流動了。

在下一章的〈重新愛孩提時的自己〉中，我放了一個案例，文中珊珊便是透過覺察，一點一點與我對話，重新與自己連結。

其他還有諸多方式，能練習與自己連結，包括前述的靜心與正念。透過諸多方式，幫助自己深呼吸，像是各類禪修靜心，以及各種身心靈活動。在資訊爆炸的年代，這類資訊唾手可得，書籍、網路、影音頻道皆是簡單的管道，重要的是持之以恆地練習。

第三章

我有能力愛自己

與自己好好相處

無論成年的自己是否感覺有缺憾，在生命的成長過程中，肯定曾被關懷，也曾有過被愛的經驗，否則不會長成今天的自己。

若是不曾被關懷，不曾被愛，會如腓特烈二世實驗中的孩子，早早就夭折而亡。每個人都被關懷過、被愛過，但此刻不一定有體驗，因為缺憾布滿身心，創傷在細微處反應，讓人無法覺察或習以為常。有些人平時無法停頓，因為他們若非投注在行動中，就是被思考占據身心，或者需要上癮性行為。一旦完全停頓下來，身心就會感覺煩躁、焦慮、害怕與難過。

這些感覺都是一種呼喚，呼喚人去關注、靠近與愛自己。

人一定有能力愛自己。能成長到今天，成長過程一定被給予愛，身心之間也一定有愛，因為身心曾經接收過，因此也一定能自己給予自己。

正念靜心，即是去體驗此刻的生命，體驗當下被忽略的身心，體驗沒有雜音的自己，那就是與自己相處了。

在腦神經的研究裡，體驗當下的自己，即是練習大腦的額葉。EQ之父丹尼爾・高曼（Daniel Goleman），在《平靜的心，專注的大腦》（*Altered Traits*）一書提及：

> 不論是僧侶，還是基督徒，當專心於祈禱或念誦，把感知集中在一個焦點，大腦左側額葉容易輸送阻力脈衝到杏仁體，阻擋負面情緒。透過不斷練習後，久而久之，內心就會常常平和。

正念靜心的練習，一般開始練習者，透過每日五分鐘，逐漸增加靜心時間，能體驗內在的平靜，久而久之，可見成效。然而，我更推廣**隨時覺察**，隨時讓自己專注，哪怕是一秒的專注。在每個當下去覺知，每個當下深呼吸。初學者只要想到，就可以隨時練習一次。久了，即有深刻的能力，去覺知每一個當下。

若非透過正念靜心，也可以透過晤談、工作坊、身心靈課程，或者練習與自己進行愛的對話，去陪伴與愛自己。

正念與靜心，是直接參與身心，而不動用思維，意味著無論自己如何，都可以跟自己靠近，都可以愛自己。而與他人對話、工作坊或與自我對話的方式，則是從成長歷程中，看見大人的觀點，體驗對自己的愛，重新去連結自己。

接下來的兩篇案例，一篇是上完工作坊之後，學員珊珊啟動內在的圖像，好好陪伴自己、關愛自己，並且接納親人的歷程。

另一篇則是刻意練習：將晤談的情境抽出，透過情境的冥想，與童年的自己對話，練習愛童年的自己；透過不斷的練習，去接觸內在的自己，與自己連結。

此種方式，張天安老師最為推廣。天安將這種方式獨立出來，推廣透過日常練習，獲致身心靈的和諧。我偶爾會運用於對話，此篇即是自我對話的呈現。

重新愛孩提時的自己

工作坊下課了，學員珊珊走過來，問我她該如何應對孩子的狀況。

當時排隊提問者眾，時間已經很晚了，我請珊珊隔日分享，讓我在眾人前示範如何對話或者應對問題。

隔天，珊珊舉手分享，我邀請她陳述問題，珊珊隨之娓娓道來：

大約兩年之前，我和先生嚴重爭吵，堪稱爭執最嚴重的一次。兒子當時就在身邊，目睹我們爭執的過程。事件發生後，兒子某天問我：「那天你跟爸爸吵架，東西丟來丟去。然後你抱住我，只是不停地哭。後來爸爸帶我出去了，我以為要送我上學，可是爸爸載我到沙坑，讓我在那兒玩沙，過了好久才送我去學校。」……

在敘述當下，探索冰山

珊珊敘述這段過往時，語調明顯有變化，她的內在有一股情緒在流動。

還未聽完珊珊的故事，我先關注她的情緒：「剛剛敘述這段往事，你的語調有點上揚，深吸了一口氣，才接著說完。那個情緒是什麼？」

珊珊停頓了一下：「我很緊張。昨天老師說要當眾回答，想到要談我的問題，我雖然有心理準備，但我還是很緊張。」

珊珊提問時的情緒，出現在她陳述孩子問題的過程中。但珊珊回應我的，是她想到當眾分享的狀態。亦即我問的是A，她回應我的是B。我若有意識探索此處，通常會重新提問，**聚焦當下**。

當我對她的情緒提問，是邀請她覺知，在提問題的當下，內在發生了什麼變化。

若順著內在發生的變化，通常會清楚看見問題，讓冰山底層浮現，或者縮短談問題的時間，不停留在事件上，而是立刻進入冰山，看內在發生的狀態。

但是珊珊的回答，表面上回答了我，卻不是在回答我問的問題。

她前一刻的情緒，並非因為要談話而緊張，而是為談話內容而有情緒。她回應我的不是當下。她並未覺知內在發生了什麼變化。

我直接指向她的故事，她引發情緒的段落：「當孩子跟你說那些話，你有什麼感覺？」

這個提問，即是聚焦當下的發生。技巧是**重述前一刻的狀態，亦即重現「那一段的客觀觀察」，重新探索冰山的衝擊**。

珊珊在這裡停頓，與我有一些交流。我問了幾個感受的詞，其中探索的一個感受是「內疚」。

珊珊流下眼淚，她說：「有。我有很深的內疚。」

我問：「你的內疚是？」

「我和先生的爭吵，讓孩子有了陰影。雖然我後來抱著他，真心道歉，並且告訴他：『爸媽會有不同的意見，討論的聲音比較大。爸媽也像你跟妹妹，意見不同的時候會吵架，不過我們還是會和好，我們仍然很愛對方。我很抱歉讓你受到驚嚇，我真的很抱歉。』但我知道，事情並沒有完全結束。因為最近這半年來，孩子更頻繁地提起這件事。我仍會再次真心向他道歉，但同時我又害怕，會不會造成他心理上的創傷。」

珊珊說到這兒，再度哽咽了。

「你害怕造成孩子的創傷啊？」

「是，我非常害怕……」

珊珊又是一陣哽咽，停頓了一會兒，才繼續接著說：「這讓我連結到，昨天課堂上，我跟夥伴練習時，我回溯到過往的經驗。我說了『我很難過』之後，就陷入一陣沉默。因為不愉快的經驗，讓我實在很不舒服……」

過去的影響仍在體內

珊珊再度哽咽了，她深呼吸，調整了一下，繼續說：「昨天老師聽完我的分享，提醒我分享時內在有情緒，臉上卻帶著笑容。於是，我回家後花了一點時間，貼著難過的情緒，繼續在心裡往下走……」

珊珊這裡提的分享，是我設計的一個活動。活動內容是回溯童年，活動後邀請眾人分享。珊珊在分享時紅了眼眶，嘴角卻浮現微笑，這是不一致的表情，所以我請她回去覺察難過，並且專注於感受難過。

我邀請她：「你願意說一下昨天回溯的事件嗎？」

珊珊點點頭，說：「是我童年時，被不公平對待的事件。那天我媽去燙頭髮，她進家門的那一刻，我爸對她丟出一句話：『啊那會電甲按呢？』說完，就出去了。這句話聽起來沒什麼，但是我事後想想，應該對我媽造成了衝擊。因為那天傍晚，我站在浴室門口，正準備等著洗澡，我模仿電視裡的廣告，唱著怪聲怪調的台詞，陶醉在自己營造的樂趣中。就在那一刻，我媽媽走到我面前，對著我就是兩個巴掌。我挨打挨得莫名其妙，只記得我狂吼著：『幹麼要打我？我又沒做什麼，你為什麼要打我？我做了什麼，你、要、這、樣、對、我？』」

珊珊說到這兒，陷入很深的哭泣。過了一會兒才說：「霎時間我明白了，為什麼我的情緒最底層，總有一股忿忿的怒氣；為什麼總有說不上來的委屈，糾結、纏繞在心裡。我也終於看懂了，為什麼在我人生面臨重要的選擇時刻，我總會莫名退縮。」

如今的我，有能力去愛

珊珊停了一會兒，繼續說：「我看到一個小女孩，那是小時候的自己。憤怒、害怕、孤單、難過地蹲在角落。但是我隨後看見，一個長大了的自己，蹲下來陪著小時候的自己。」

珊珊敘述的是工作坊的發現。

故事還沒有結束，她回到家後，貼近自己的難過，她接著說自己的發現：「我回到家之後，跟著情緒往下走。我看到一個新的畫面，那是長大後的自己，牽起了小時候的自己。還有一個不可思議的畫面：我看到不遠處的前方，燈光昏暗的角落裡，也蹲著一個臉上有淚的小孩，那個小孩是我的媽媽，我媽媽童年的樣子……」

珊珊說到這兒，停著流了不少眼淚，才繼續接著說。

「接下來的一幕，是長大後的自己，一手牽著童年的自己，也走過去牽起那個女孩，那個滿是淚痕的媽媽，那個曾經是小孩的媽媽……

「我突然意識到，媽媽小的時候，可能也有創傷，也曾被不公平對待。她心裡也苦吧……」

說到這兒，珊珊又哭了。這裡的眼淚可能是為了媽媽，也可能是一分新的理解。

珊珊的這段分享，讓我很驚喜，因為她為自己走了一趟療癒之路。雖然不一定完全療癒，但這是一個美麗的開始[註]。

註　療癒的歷程，通常會走入體驗，讓來訪者意識情緒，讓殘留的情緒流動。先建立穩固的資源，再集中體驗當時的情緒，讓憤怒有機會訴說，讓難過有機會流動，這是在感受中的工作。讓來訪者覺察情緒，也為自己的情緒負責。

接下來在渴望中工作，此處，我常用的對話方式如下：「怎麼看到童年媽媽的？」「怎麼想要牽起童年媽媽的手？」「怎麼看待自己的決定？」『那樣的愛是如何流動的？』「牽起媽媽的手，這個力量是怎麼來的？」「在生活中也有理解媽媽的時刻嗎？」「願意牽起媽媽的手時，這樣的愛的流動，帶來了什麼呢？」「在日常生活中，內在改變了之後，對生活有影響嗎？如何覺察的？又如何應對呢？」

這些工作會在她愛、價值、自由、接納的體驗中，停頓讓她意識，並且感到自己的力量再次落實到現實生活中。如此一來，新的能量產生，大腦不再受慣性控制。下次遇到類似事件，就能走出一條新的道路。

我在珊珊流淚的時候，很欣喜地對她說：「看起來你已為自己，走了一次療癒的過程。」

未料故事還沒結束，珊珊接下來，進入她新的分享，那是另一個新的覺察：「是啊，但是我還要提一件事。因為這次的覺察，有一股強大的力量，在對我推波助瀾。」

新的覺察進入

我不禁好奇：「是什麼事呢？你願意分享嗎？」

珊珊點點頭說：「就在一週前的週六，我們帶小孩去看電影。」

我忍不住想問，是哪部電影適合闔家觀賞？

珊珊說：「是《超人特攻隊》，很溫馨的卡通片。所以當天的氛圍，非常開心愉快。看完電影、吃過午餐後，我轉到超市買東西。那天忘了帶購物袋，兩隻手都提著東西，準備上手扶梯前，我轉身呼喚小孩。我的兒子聽見了，從不遠處小跑步過來，他可能還沉浸在電影中，靠近我的那一刻，竟然像在學著超人一樣，朝我的肚子用力給了一拳。

「我老公看見那一幕，想阻止已經來不及了。那突如其來的一拳，讓我嚇到、愣住了。先生跟孩子說：『你在做什麼啊？媽媽站在那裡，什麼也沒做，你過來就是一拳。』先生的那句話，彷彿是引爆我怒火的『關鍵句』，點燃了我內心的火苗，那塵封於深處的憤怒與委屈。只記得我挪出一隻手，毫不猶豫地從小孩頭上巴下去。

「我感覺那一刻，彷彿是油窟上點了火，再想要滅火就難了，更何況油窟埋了三十年。我對著孩子怒吼：『我到底做了什麼？你過來就給我一拳？我只是站在那裡，什麼也沒有做，而你，過、來、就、是、一、拳！』當時我怒張著雙眼，咬牙切齒地瞪著孩子。」

我聽懂了珊珊的覺察。當孩子看完電影，沉浸在電影歡愉的氣氛，幻想著自己是正義的超人，朝珊珊肚子打了一拳，卻引發了珊珊身心的痛。

兒子打來的那一拳，跟珊珊十歲的遭遇，被媽媽一巴掌打來，是多麼類似。當先生說了那句：「媽媽站在那裡，什麼也沒做。」正是十歲珊珊的委屈，那句話勾動了珊珊，讓珊珊的憤怒被召喚。

珊珊說這段話時，我感到一種神聖，因為那是了不起的覺察，是對兒時自己的心疼，也是對自己兒子的心疼。我內心有一種喜悅的感動，也有深刻的心疼。我想確認這個覺察，是否真如我所想。

我笑著對珊珊說：「看起來，你瞬間回到了小時候啊？」

「我的確回到了小時候，而且我也清楚明白，表面上看起來，是媽媽在教訓調皮的兒子，但實際上不只如此。那是一個十歲小孩的靈魂，在我身體裡發洩委屈，她想知道『到底為什麼』，她想得到一個真心的『對不起』。只是，眼前的孩子，成了當年媽媽的替身。」

珊珊說到這兒，悲傷地哭泣。停頓了一會兒，才接著說：「大概過了半個小時吧，我們才開車回家。」

珊珊後來陳述，我聽到她說「罵了半小時」，我呈現不置可否的表情。但她當下沒來得及停頓與覺察，這股情緒一直延續，隔天還是為小事繼續責罵孩子……

珊珊此時的分享與覺察很珍貴。若她能持續覺察，並且愛那個委屈的自己，接納當年天真的自己，她就能分辨過去與此刻，心中的情緒會漸趨穩定，與家人的連結就能更深了。

珊珊上完工作坊之後，寫了一封信回饋。我徵得珊珊的同意，將她記錄的文字整理，分享在這本書中：

天色漸漸亮了，我的思緒由沉重的回憶，回到了此刻的現實。波濤洶湧的情緒，也慢慢地緩和下來。

不知道在什麼時候，壓在胸口上的大石頭，已經碎成小石頭，在我哭泣、顫抖時掉落一地。彷彿像金字塔般沉重，我曾扛在肩上的包袱，也在一瞬間成了沙河，伴隨眼淚，從身上流走。

我在自己的呼吸裡，感覺到前所未有的：輕鬆、自在。

在記錄這段歷程的同時，我彷彿再一次，陪著童年的自己，回顧這段心酸和眼淚。我彷彿看著童年的自己，時而靠著我身軀，時而趴在桌上，晃動著雙腳，陪著我難過，也陪著我哭。

未癒合的傷仍然有痛，探索仍需要勇氣，也許傷口會慢慢結痂，也許只是維持現況。但在此時此刻，我不再害怕碰觸它……

與童年的自己對話

QQ今年三十七歲了，他的內在常有無力感，常常升起自責的狀態。他覺得自己一無是處，感到生命中巨大的無助。

以下是引導他自我對話的歷程，加上我的解說。

我：「你此刻有什麼感覺？」

QQ：「我胸口常常很悶，被壓得很沉重，有無力感。」

我：「現在也有嗎？」

QQ：「現在也有。」

我：「這個悶與沉重，是什麼呢？」

QQ：「我覺得自己很糟糕，什麼事都做不好。」

我：「你會常常自責嗎？」

QQ：「我常常自責，那聲音像鐵鎚，不斷在我腦袋裡敲打。」

QQ有一個狀況，經常感覺自責、感覺無力。針對這樣的狀態，專注與這感覺在一起，就是與自己同在。一般人在感覺無力與自責時，並未專注在無力的感覺上，只是知道這樣的狀態，

「行動」上並未處理，「意念」上任思緒紛飛，這樣的狀況就會一直持續著。

這就好像一個孩子哭鬧，你是孩子身邊的大人，你覺得孩子很煩，你希望孩子停下來，不要繼續哭鬧，不要影響你。但你在「行動」上，沒有去抱孩子，而是繼續做與孩子無關的事，並且抱怨孩子的狀態，這就是你的「意念」，如此纏繞受影響，卻不是專注抱孩子，專注跟孩子說話。

因此，當感覺到無力狀態，意識到這樣的感覺，專注在這感覺裡，訴說這感覺的狀態，就是專注擁抱自己，去愛這樣的自己，而不是淪為無關的行動，或者無用的意念之中。

我：「小時候誰常指責你？」

ＱＱ：「我媽媽常指責我。」

這裡即是「回溯」，探索自責的由來。就像是孩子哭了，找到孩子背上的刺，知道孩子被刺痛了，就可以將刺拔掉，並且呵護他。

我：「你有印象那發生在你幾歲的時候嗎？被指責的是什麼樣的事？」

ＱＱ：「有的。我八歲時，騎單車摔倒了，媽媽沒有理我。我追上去的時候，我媽媽就罵我。」

我：「當時你騎車跌倒了，她沒有理會你，後來指責你，是嗎？」

ＱＱ：「對。」

這裡是具體事件，用意是讓體驗性強烈，後面接著的問句，都是透過細節、具體畫面，去體驗內在的感受。有時會刻意詢問：當時穿什麼樣的衣服，是在白天或晚上？將細節呈現出來，能讓腦袋中的印象鮮明，帶來更深的體驗。

為什麼要如此呢？因為那些感覺不斷影響著身心，但都是躲藏著影響人的活動。專注體驗與看見原因，就能帶來順暢的身心。

我：「所以你自責的狀態，來自你小時候被忽略、被指責的體驗。當你長大了，遇到事情沒做好，你就站在媽媽的立場，去責備沒做好的自己。你能體驗八歲時的自己嗎？當你騎車跌倒了，被媽媽責備的狀態。」

ＱＱ：「現在還不太有。」

我：「試著回想一下那個畫面。你騎著車子，突然跌倒了，你被媽媽責罵。媽媽是怎麼罵的？」

QQ：「媽媽用眼神瞄我，她罵我『怎麼這麼笨，騎車都摔倒。不要靠近媽媽』。」

我：「當時你內在有什麼感覺？」

QQ：「當時很害怕，還有很多難過。」

當回憶來到八歲，試著探索八歲的冰山，先從感受入手，因為童年的冰山，是未被照顧的感受，不斷衍生出冰山各層次。

愛自己的程序中，跳躍在兩個冰山之間。來回聚焦在童年與此刻，以感受與觀點的陳述，誠實地表述出來，是一個簡單且基礎的方式。接下來的引導，皆是如此處理。

我：「你看見當時的QQ，有很多害怕，還有很多難過，你能理解他嗎？」

核對此刻的觀點。

QQ：「他難過是因為跌倒，身體感覺到痛，同時覺得好像做錯事了，又讓媽媽麻煩了。」

我：「你現在有什麼感覺？」

核對此刻的感覺。

QQ：「我覺得他很煩，怎麼這麼笨。」

我：「那你試著告訴他：我覺得你很煩，你怎麼這麼笨。」

引導訴說此刻的觀點。這些觀點有時是對立的，不認同孩提時的自己，但那是依附大人的觀點、為求生存而衍生出來的，並沒有「貼近自己」。只要試著說出來，再核對說完的感受，冰山就會有一些變化。

QQ：「我覺得你很煩，你怎麼這麼笨。」

我：「講完以後，你有什麼感覺？」

QQ：「我現在覺得很難過。」

我：「你難過什麼呢？」

QQ：「我難過他沒有被人了解。」

此處可見當敘說完之後，會立刻覺知當下的感受，發現冰山的變化。這些細微的狀態常常被忽略，因為自己的感受會與大人的觀點交織，在腦袋中交纏紛亂，難以真正理出頭緒，進而創造身心的無力感。

我：「那你告訴他，當你看見他跌倒、被母親罵，你覺得他很煩，也覺得他很笨。當你這樣說的時候，同時也感覺很難過，難過他沒有被人理解。」

QQ：「我看見你跌倒了，然後被媽媽罵了，我覺得你很煩，也覺得你很笨。當我這樣說的時候，我也感覺很難過。難過你沒有被人理解。」

QQ一邊說著，眼眶泛了淚水，聲音已經哽咽。

我：「說完之後，你有什麼感覺？」

QQ：「我感覺胸口鬆多了。」

我：「這是一種與自己的聯繫。你剛剛說騎車跌倒了，童年的你感到害怕，你願意去理解他嗎？」

QQ：「願意。」

我：「那你告訴他，當他騎車跌倒了，媽媽罵他的時候，你知道他很害怕，知道他很難過，因為他跌倒了，身體感覺很痛。」

QQ：「當你騎車跌倒了，媽媽罵你的時候，我知道你很害怕，知道你很難過，因為你跌倒了，身體感覺很痛。」

我：「現在說完之後，你的感受如何？」

QQ：「難過的感覺更多。我感到一種委屈，還有孤單的感覺。」

一個受傷的孩子，沒有人來呵護，所以潛意識試著堅強，但是內在感受滯悶，於體內流轉纏繞，能量就不能順暢。一旦有人呵護了，所有的情緒揭開，就會有各種感覺上來，這時能量就開始流動。

我：「這個委屈與孤單的感覺，是來自童年的自己，還是現在的你？你現在很安全的，沒有發生任何事地坐在這裡。」

這裡要辨識清楚：此刻的自己已長大，此刻的自己很安全；這些情緒是因童年的狀態未被處理而沉積體內，才形成今天的自己。有時候會誤以為那是此刻的感覺，必須釐清那來自過去。

QQ：「是童年的自己。」

我：「你知道這分委屈，以及這分孤單，是來自什麼嗎？」

QQ：「我知道。委屈是因為沒有人在意他，孤單也是因為沒人在意，永遠都是一個人。」

我：「你跟他說這些。」

表述此刻的理解，理解童年自己的感受、想法。這就是在靠近自己、連結自己的渴望。

QQ：「我知道你很委屈，因為沒有人在意你。還有你很孤單，因為沒人在意，你一直都是一個人。」

QQ一邊說，眼淚一邊不斷落下。我認為他終於看見自己了。

我：「說完之後，此刻你有什麼感覺？」

QQ：「我很悲傷。但是，我也有了一點力量。」

我：「你此刻幾歲了呢？」

QQ：「三十七歲了。」

我：「三十七歲的你，是靠什麼力量活到今天的呢？」

QQ：「我很忍耐，也很努力。」

我：「你能保護他了嗎？因為你長大了。當時的他還很年幼，沒有力量照顧自己，但是你現在有力量了。」

此處是建構資源。意識到長大了的自己，帶著很多的資源，才能一路成長至今，身心一定帶著能力。

QQ：「可以。」

我：「你可以告訴他嗎？你會在意他，會當他的朋友，永遠都在他的身邊。因為你長大了，已經有力量了。」

QQ：「可以的。」

我：「那你試著告訴他，這些心中的話。」

QQ：「我會在意你。會當你的朋友。我不會離開你，因為我已經長大了。」

與自己連結的能量，是透過釐清與核對，在冰山中對話而獲得。下面QQ的變化，可見當人專注於意識自己，生命的狀態有多不同。

我：「說完這些，你有什麼感覺？」

QQ：「我感覺有一股暖流，從肚子升起來。暖暖的，很舒服。」

我：「你能靜靜地去感覺這股暖流嗎？」

這股暖流是連結自己的產物，這就是一分能量。在這樣的能量中浸潤、停頓與經驗，就是在愛裡成長，可視為腦神經的運作。人的腦神經不斷在細微意識中拉扯，只是自己難以覺知，因為在慣性中無法覺察。若能覺察，專注地應對自己，身心將會更有能量，平常的煩悶感減少，無力感也會較少，精神狀態較充實。

QQ：「好的。」

我：「當你專注感覺，你內在發生了什麼？你又多流了眼淚啊。」

QQ：「那是我找了很久的感覺。我一直想要找到這樣的感覺，我好像真的回家了。」

我：「你可以常常回家。」

QQ：「嗯。」

我：「你剛剛說童年做錯了，又讓媽媽感到麻煩，那是自責的聲音。」

此時回到剛剛的觀點，回到自責的議題。剛剛已經有了力量，因此當自責的時候，就能以溫暖的愛與力量去陪伴自己。

QQ：「對。那個聲音很大。」

我：「你認為他添麻煩了，你現在怎麼看待他呢？」

QQ：「我覺得他很可憐。」

我：「你會心疼他，願意愛他嗎？」

QQ：「我很心疼他，我很想幫助他。」

我：「你對他說，願意陪他，願意理解他。那麼，當自責的聲音出現了，你可以告訴他嗎？說你會陪伴他，會接納他，也願意認可他，無論發生什麼事。因為你長大了，已經三十七歲了，可以決定怎麼對待他。」

QQ：「我願意。」

我：「你試著整理一下，自責的時候，你會發自內心對他說些什麼。」

QQ：「我會來陪伴你，也會接納你、理解你。無論發生什麼事，我都會站在你這邊。」

我：「你現在感覺怎麼樣？」

QQ：「我感覺很好，很有力量，胸口很暢通。這種感覺很奇妙。」

我：「平常除了覺察自己是否有無力感、是否感到沮喪，也需要專注在這些感覺裡。一旦又自責了，能不能也像今天一樣，對童年的自己說說話，去愛當時的自己？」

QQ聽著這些話，眼眶又泛淚水，點頭說：「我會經常來愛自己。」

以上是與自己對話的方式，在兩個冰山間連結，即此刻的冰山，以及童年的冰山。晤談的最後，我通常會在整合個人之後，進行這樣的連結作為收尾。

張天安老師將這樣的對話，推廣為「與自己對話」。任何人都可以練習，如此一來，內在將更和諧。

從上述QQ的引導，可以看見冰山的運作，也可以理解如何「與自己連結」。此舉與正念、靜心一樣，都會導入和諧的能量。

第四章

渴望與成長環境

渴望連結與成長歷程

童年被愛過的孩子，擁有更大的機會，能體驗自己的生命力。若童年經歷過困頓、受挫折的成長歷程，但擁有內在穩定、溫暖的陪伴者，生命仍有很多的機會與自己產生連結。

我整理自己的生命歷程，雖然經歷母親離家，但是我在出生到十歲間，應獲得完整的愛，母親離家後，也得到父親完整的愛，這使得我後來的生命，在認識薩提爾模式、托勒（**Eckhart Tolle**）、靜心與正念後，能夠深刻地連結自己。

渴望的連結，與生命歷程有關，但並非絕對。只要當下有意願，當下的專注就能帶來力量。

我的成長歷程，可以讓父母與教育者們參考，在孩子的成長期間，應看重對孩子的愛，而不是看重解決問題。

陷入困境之坑

十歲是我人生的分水嶺。

我十歲那一年，舉家搬離台中北屯，到台中太平定居，房子從平房換成樓房。舊的居住環境是平房，鄰居很少職業婦女，媽媽們在家帶孩子，或者做家庭代工；左鄰右舍常串門子，彼此互動很頻繁。新的居處是樓房，鄰居較為疏離，彼此之間不常往來，與舊家生活環境迥異。

大概生活環境變了，媽媽遷居之後感到無聊，她決定到工廠去工作，從家庭主婦變成職業婦女。

搬入新的房子後，新家迎來新變化，家庭命運瞬間改變。

媽媽去工廠上班，跟工廠的朋友熟了，考了機車駕照。擁有人生第一部機車，她為「行動自由」歡呼，這是我記憶深刻的一幕。那是孩子們失去照顧的前奏，媽媽的橘紅色鈴木90，將她載到陌生之地，我童年永遠無法理解之處。

媽媽認識了一群朋友，跟著朋友到處玩，不僅常加班到半夜，甚至夜裡不回家睡覺。父親為此跟媽媽吵架，媽媽只要一吵架，便嚷嚷著要自由，不想將青春耗在家中，隨即轉身離去，離家幾天不回。

這對童年的我，內心形成很多感受、觀點、未滿足的期待，還有渴望與自我層次的缺憾：無自己的價值、不值得被愛，以及我是糟糕的人。

媽媽帶來的衝擊

媽媽結交了一群女友，這群女友都如男人，我弄不明白怎麼回事。

媽媽行為日益變化，她學會抽菸、喝酒、賭博，夜裡不回家，家庭陷入了混亂。

李崇建談冰山之渴望

我成年之後，曾跟弟妹聊天，聊到童年的經歷。成長於如此家庭，會如何認識這個世界，如何認識這個媽媽，我們聊起來感慨萬千。

記得那段時間，我常常睡到半夜，見爸爸氣急敗壞，因媽媽半夜又不見人影。有時是一早醒來，發現媽媽不見了。我坐上父親的機車，去外頭找尋媽媽。有時爸爸等媽媽至深夜，媽媽卻徹夜不歸，人已不知去向……

我與弟妹四人，內心感到惶惶不安。

大約我十二歲左右，有個畫面長存腦海至今。外頭下著傾盆大雨，爸爸在夜校兼課，原本在家裡的媽媽，突然接了一通電話，告知孩子們要外出，今晚就不回家了。媽媽走得很瀟灑，孩子心中惴惴不安，充滿困惑、恐懼、難過與憤怒，只能目睹媽媽離去。

我曾將這段記憶，寫於《心念》一書之中。

那個滂沱大雨的夜晚，爸爸從風雨中歸來，卻得知媽媽離家了。他兼一節課鐘點費四十元，一晚為了賺八十元，在風雨中騎車歸來，回家面對此情此景，情何以堪？

媽媽前晚才承諾在家，卻放下孩子們離開。爸爸沮喪極了，決心去找媽媽。在通

訊不發達的年代，不知道媽媽去哪兒了，怎麼找回媽媽？

爸爸要騎摩托車，到台中繁華處尋找。但爸爸這樣的打算，無異大海撈針，何況外頭正滂沱大雨。

爸爸披上雨衣之前，我們央求他別去，我的心緒凌亂複雜。但父親說家裡怎能沒有媽？他跨上偉士牌機車，進入風雨的夜裡。

我望著偉士牌的尾燈，在雨中淡出巷子口。我對世界感到絕望。窗外大雨未曾歇止，我的眼淚也未曾停止。我盼望父親平安歸來。

爸爸在風雨裡騎車尋找，孩子在窗前引頸盼望，媽媽則與朋友歡樂。

我曾讀到「東山飄雨西山晴」，內心有深

深的感觸。夜雨無情、無止境，父親無奈、無方向。茫茫夜雨的城市，他竟然聽見媽媽的聲音。她正與朋友開懷歡飲。

父親在風雨中，將媽媽載回家，媽媽已爛醉如泥。我看見風雨歸來的父母，心靈雖然短暫放鬆了，憤怒又瞬間炸開了……

父母從風裡雨裡歸來，不是風雨的結束，而是另一場風雨的開始。媽媽酒後的身形，狼狽失序的舉止，都讓我難以接納。我內心傷感莫名，胸中憤怒滿溢，上樓將自己關在房間，不想待在難堪之地。

我不想要這樣的家，我不想有這樣的媽媽。但是我無法關起耳朵，我還能清楚地聽見，聽見弟妹們的哭泣、媽媽嘔吐的聲音。我腦海裡各種雜訊，無法不胡思亂想，只能憤怒捶打牆壁，不想待在這個家裡……

我內在那股難解的情緒，成了好多年的主題。我經常感到慌亂、煩躁、不安、悲傷，繼而又湧起憤怒。突如其來的情緒，莫名席捲而來……

既痛恨又維護

類似這樣的事件眾多。

爸爸曾到台北受訓，需離家一個禮拜，媽媽允諾照顧孩子。爸爸出門的那日，媽媽彷彿解放的青少年，帶著一票女友回家。她們在家裡喝酒、抽菸、唱歌，家裡真可謂烏煙瘴氣，杯盤一片狼藉。

我看不下去了，竟然跟媽媽說：「爸爸不在家，你就帶壞朋友回家。」媽媽伸手給我一耳光，語氣嚴厲地威脅我：「你好膽再說一次。」

我的個性挺倔強，我就再說一次，說了一次，又一次……媽媽把我拉至頂樓，關在頂樓陽台門外，要我好好反省。

我一個人在陽台生悶氣，看著遼闊的天際線，直到夕陽落下，夜晚與星空降臨，妹妹才偷偷放我進屋下樓。

我與媽媽幾乎「勢不兩立」，媽媽更曾對父親說：「我最痛恨阿建。」

我二十歲時父母離婚，離婚的協議，媽媽只提一個要求：「家中唯一的房子，不能轉到阿建名下。」可見媽媽對我痛恨至深。

家中四個孩子，我與媽媽敵對，關係最衝突，也最疏離。我雖然討厭媽媽，對她充滿著憤怒，但我也想保護她。

在那群朋友之中，媽媽跟其中一位最好，我們稱呼她「胖阿姨」。媽媽與胖阿姨彷彿冤家，好的時候如膠似漆，壞的時候惡言相向。我十三歲那年，媽媽跟胖阿姨鬧翻，媽媽突然返回家中。當天晚上，深夜兩點鐘左右，家中門鈴竟然大響，繼而有人咆哮、捶門，怒吼媽媽的名字，伴隨著一連串粗話。咆哮之人正是胖阿姨。

胖阿姨喝醉了，半夜來家中鬧事。媽媽要父親去開門，她則到我房間躲藏。當時我睡在上鋪，媽媽爬到上鋪來，躲到我被窩裡說：「讓我躲一下。」

胖阿姨夜裡叫罵，我心裡害怕極了。媽媽躲在身邊，我卻板起身子，決計保護媽媽。

胖阿姨進入家門，邊喊著媽媽名字，邊搜索家中各處，不信媽媽不在家。胖阿姨在家中翻箱倒櫃，瘋了似地搜索，竟開門進我的房間，滿身酒氣與菸味，打開衣櫃搜尋。

我心裡充滿恐懼，卻也做好了打算。若是胖阿姨尋過來，我一定一拳給她，全力保護我的媽媽。

那個夜晚對我衝擊很大。

胖阿姨鬧了一個晚上，一無所獲地離開了。隔天清晨，我出門上學，看見胖阿姨留下了印記。大門前是她的嘔吐物、菸蒂，還有鮮紅的檳榔汁，那是恥辱的印記。鄰居紛紛前來探詢家中發生什麼事了。我倉皇地上學去，內心無比羞愧，又覺得媽媽不會離家，因為她與胖阿姨鬧翻，也許家庭將從此安寧。

媽媽在家待了幾天，最後仍然離家不歸，又找胖阿姨去了。我感到沮喪又無奈。父親期望家庭和諧，曾經找胖阿姨協商，甚至為了留住媽媽，打算讓胖阿姨住家裡。父親也曾請律師寫狀紙，欲上法院告胖阿姨，告她妨礙家庭。但是胖阿姨是女性，當時社會並不開放，同性妨礙家庭，應無案例可循，最終什麼原因罷了，已不得而知。

二十多年的衝擊

十八歲那年，我接到胖阿姨的電話，對她出言不遜，胖阿姨找了流氓到家中，威脅、恐嚇我。我無力回嗆、反擊，僅能沉默，受著屈辱。自此，我心灰意冷，再也

李崇建談冰山之渴望

不想見到媽媽，也不想聽到她的消息。

直到我二十歲左右，父親終於跟媽媽離婚。此後十餘年時間，我與媽媽見面的次數，手指數得出來。

媽媽十九歲嫁給父親，生了五個孩子，長子一出生即夭折，我是家中的次子。媽媽在三十歲認識胖阿姨，當時妹妹年僅三歲，從此家中無寧日。弟妹受到的衝擊，應該比我還要大，因為我內在混亂不安，外在學校課業差勁，無法滿足父親的期待，因此轉而控制弟妹，經常以恐嚇、怒斥與拳頭對待他們。妹妹曾經公開演講，陳述她幼年受家暴，正是我恐嚇與揍過她。

我很愛弟妹們，也很愛父親，但是自從母親離家，我與家人衝突且疏離，這樣的關係持續二十多年。

我的內在狀態和外在表現，與母親離家應有關聯。

除了童年創傷指數量表，從冰山的狀態來看，我列在後方的冰山圖（見頁一六〇至一六三），十歲之前的冰山，以及十歲之後的冰山，可看出母親離家的影響。我的感受裡，經常存在驚慌、恐懼、憤怒、焦慮、不安、悲傷、無奈……與之相對應的思考、應對、行為與生命核心，又怎麼會有妥善的狀態？

我重新回溯、審視過去：十歲之前的生活，我在校成績優秀，也很少與弟妹打架。十歲之前，我常去河裡抓魚、抓鳥、抓昆蟲，跟鄰居玩橡皮筋、彈珠、風車、跳房子、跳高，各式的童玩，生活看來很健康。

十歲搬家之後，母親斷續離家出走，我經常處於紛亂的心情，無心在課業上，學業成績也滑落。我認識了新鄰居，玩的遊戲變成撲克牌，結伴去玩吃角子老虎。鄰居的家庭和我一樣，也是父母失和的狀態。我常跟他們玩在一起，內心感覺彼此很靠近。我的鄰居玩伴們，後來有三位進入幫派，另一個鄰居常賭博，人生走上一條特別的路。

十歲之後，我開始偷錢，偷爸爸口袋裡的錢，也流連於電動玩具店；學校的作業從未完成，成績也日漸退步。父親是中學教員，任教於我就讀的中學，我與弟弟成績差勁，校長怕侮辱老師的尊嚴，請父親為我們轉學，以免讓別人說閒話。

我在九年級下學期轉學，脫離了熟悉的環境，感到無比孤單、無助。我的數學成績低落，數學老師當眾嘲笑：「只剩一學期了，你為什麼轉過來？別以為我不知道。」老師拿藤條鞭我手掌，手掌腫了半天高，彷彿變成透明狀。

物理考試成績五十九分，物理老師當眾替我落髮，將我的頭髮剪了一塊，如杯口

李崇建
談冰山之渴望

這麼大的光頭。我感覺無比羞辱，回家之後，父親很生氣，但他無法為我出氣，誰要我不爭氣呢？只能將我頭髮剃光。

我大學考了四次，重考期間迷上電玩，甚至終日在外遊蕩，不知自己要做什麼。直到當兵退伍之後，因為心志受磨練，考大學還能加分，因此二十三歲才上大學，進入東海大學中文系。

上了大學之後，為了賺零用錢，我白天上課，晚上四處打工。因為晚上要打工，大學課程又不吸引我，我常常在白天蹺課。但我經常閱讀，閱讀大量的古典文學、散文、小說、現代詩、社會學、哲學與美學書，也開始文學創作，投稿賺零用錢。我分析自己上中文系與閱讀習慣的建立，跟父親的教養有關。

二十七歲大學畢業，我考了四次研究所，全都名落孫山。我無固定的工作，因為找不到喜歡的工作，仍然打零工維生。從十八歲一直到三十二歲，我的工作履歷很豐富，曾經當過泥水匠、貨櫃搬運工、發過海報傳單、餐廳服務員、酒廊的酒保、工廠作業員、記者……

直到三十二歲，我的命運就此改變。

一九九八年，我在報紙求職欄上看到一則應徵教職的廣告，那是一所體制外學校，並不需要教師證。我僥倖錄取，在山中教了七年書，因而接觸薩提爾模式，走上改變自己命運、也改變家庭命運的道路，家庭之間的關係更轉變了……

不少人非常好奇，或者感到存疑：這樣的人可以轉變嗎？

薩提爾女士說：「改變永遠是有可能的。即使外在的改變有限，我們內在的改變仍是有可能的；也許我們無法改變過去已發生的事件，但依然可以改變那些事件對我們所造成的衝擊。」

我的轉變點滴累積，在於我了解自己的內在怎麼了。這是認知層面的理解，卻也為認知的方向，帶來新的能量路徑——這是「覺察自我」的開始。

我開始意識到自己，而不是認同心理結構，這股能量的滙聚與重整，讓我的內在逐漸改變。

所謂內在的改變，就是冰山的變化，是一個內在的工程。當人的內在豐盛、和諧、美好了，外在的作為亦改變了。

自從浸潤於冰山理論，我對自己的成長，有了新的看見。

我從青少年開始陷入混亂，不僅課業學習落後，日常生活也一團亂。我追溯自己的狀態，十歲是個分歧的點。從十歲開始至三十二歲，我的人生都挺混亂。

在我混亂的青少年時期，我並未跟著鄰居徘徊。雖然沉迷於電動遊戲，但是並未蹺家不歸，並未加入幫派，也未學會抽菸、喝酒，我認為這些都與十歲之前的經驗及父親堅毅的教養有關。

環境影響一個人的內在

環境對一個人的衝擊，愈是幼年，影響愈大，這是大腦神經的塑造，會形成一個人的情緒變化、慣性思維，及慣性的應對模式。

冰山的路徑交織，如同腦神經圖像，而透過冰山的隱喻，能讓人看見大腦如何運作。**透過對話、愛的連結、覺知自我與意識的專注，可看見冰山層次的變化，知道慣性模式如何改變。**

我在三十二歲遇見約翰．貝曼老師，看見他示範如何與人溝通，決定投入薩提爾專訓，人生因此有個大轉變。

那麼，若是有相同遭遇的人，也能如我一樣轉變嗎？

我的答案是肯定的，只是每個人的歷程不同。

我重新審視生命，我以為十歲前父母給予我的環境，讓我擁有堅實的生命底蘊，這就是冰山的「渴望體驗」，以及冰山最底層的「自我」，在生命中定義「我是誰」，還有連結「大我」的能量。

除了十歲以前的環境，還有父親無與倫比的愛，讓我更深刻地連結自我。

當我能時時連結渴望，甚至更深地連結自我，過去所受的傷害，將如同美好的資源，帶領我走上獨特的生命。

走出困境之鑰

我擁有美好的童年，擁有一個寬容、懂得表達愛的父親，這對我的一生非常重要。這是我體驗愛的基礎，也是我感覺到自己有價值，無論如何都會被接納，擁有安全感的根基。

父母的生命歷程

我的父母於一九六四年結婚。父親是山東流亡學生，一九四九年來到澎湖，大陸的親人因戰爭遷徙。父親離開大陸之前，我奶奶、大媽、叔叔、姑姑、大陸二哥都已亡故。

父親經歷澎湖事件，以學生身分被編兵，內在應該惶恐、憤怒、沮喪。他學到凡事要靠自己，在軍中反抗，因而被威脅以麻布袋投海。他決意離開澎湖，到台灣投靠舅爺。

為了離開澎湖，父親報考並錄取二十四期陸軍官校。搭船到台灣報到後，一落地高雄隨即逃兵，與考上軍校的夥伴分道揚鑣，各自踏上不同的旅程。爺爺曾告訴他：「好男不當兵。」這個觀念的由來，乃因十軍團駐紮山東，虐燒殺擄掠鄉親。**↓這是不當兵的緣由之一**。

舅爺隨國民黨來台，被安插在師範大學任教，父親在澎湖時得知，暗自希望舅爺資助他，讓他買一張身分證，順利完成學業。他心中有個信念：讀書能出人頭地。

曾祖父留學日本，任山東優級師範講習所所長，相當於山東省教育廳長，沒想到，四十歲時被土匪綁架、撕票。曾祖父留下來的書，成了父親童年的讀本，曾祖父也成為父親心儀的典範。**↓這是父親求學的原因，亦可能是我堅持考大學之因**。

李崇建
談冰山之渴望

據說舅爺見了父親，卻慌張、不知所措，沒料到父親會來到台灣，若收留父親將是負擔。當時舅爺的朋友在軍中，有個下屬在火燒島當伙夫，卻跳海逃兵，舅爺因此與友人商議，將父親送往火燒島，也就是今天的綠島，頂替逃兵的伙夫。

父親像是個棋子，被送往火燒島，換了一個名字，換了一個身分。在火燒島待了四年半，期間因反抗曾被關押，在火燒島自殺兩次。兩次均自殺未遂，他認為天意留他下來，因此利用零碎時間偷讀書，透過政工幹校招考，再次成了一名軍官。

父親考上政工幹校，只為了脫離火燒島。他無意在軍隊發展，以少尉軍官退役，考入師範大學國文專修班，自此打工完成學業，於一九七〇年左右分發，任教於台中市四育國中。

父親擔任軍職之際，透過相親與命運，認識我的母親。父親四十歲，娶了十九歲的母親。

母親住在苑裡鄉下，外公因家貧而入贅，但他能說善道，年輕時風流倜儻，婚後女人緣不斷，據說外婆因此發瘋，有一年時間都瘋瘋癲癲。

母親是家中的長女，出生於窮困的家庭，家族關係複雜。我從小見母親親戚，常弄不清家族的關係。母親的學歷是小學，從小去山裡撿柴火，據說她經常在山裡休息，大概是體弱多病之故。估計是家庭環境紛擾所致，她內在也惶惶終日。

父母各自有著這樣的生命歷程，在如此時代背景下結婚。母親生了五個孩子，我的大哥李宗夏，很不幸是個早產兒，當時父親籌不到錢，付不出三千元醫院保證金，宗夏無法進入保溫箱，降生一天就夭折了。我則是下一個出生的孩子。

在薩提爾的家庭系統中，夭折後出生的孩子，是家庭裡的王子、公主。所以，十歲以前，我應備受寵愛。

父親曾經說我很任性，任性即是被寵而來。在我三歲左右，父親騎單車載我出門，途中我嚷嚷著要下車，父親並沒有答應，後來禁不住我哭鬧，答應讓我下車。得到父親的允許，我卻仍然鬧脾氣，要父親將單車倒回去，因為下車的地點過了，父親只得退回去，在那兒放我下來走路。

從這件小事來看，父親應該很寵我。

十歲之前的生活

我十歲以前的生活，家裡非常和樂，是理想的家庭樣貌。

父親曾帶我去軍中，晚上睡在宿舍裡，白天牽著我的手散步。我至今記憶猶存。

當時經濟條件差，父親在師大就讀，僅靠著打工與獎學金，維持一家生活所需，父親仍為我買玩具、糖，上照相館合影。我在苗栗鄉下生病，父親連夜帶我上台北，搭深夜的火車就醫。父親常說故事給我聽，帶我去圖書館讀書，甚至親自教我認字，開始讀孔孟與詩詞。他常常讀書，案頭與書桌都放著書，是我自學的典範。

童年時母親都在家，但並不常跟我連結，我記憶中無深刻印象。唯一有印象的畫面，是母親挺著懷孕的肚子騎單車到學校為我送中飯。

父親因為生逢戰亂，失去了原生家庭，也失去第一次婚姻，加上舅爺送他去火燒島，又曾被朋友背叛、借出所有的錢，他失去與親友連結的熱情，特別關注家庭生活，所有的精力都奉獻給家庭。

十歲以前的生活畫面，如今想起來都是甜美：父親在廚房煮菜，母親在一旁幫忙；父親在河邊種菜，母親則打理菜園；父親和麵粉、擀麵皮、拉麵、切麵條，蒸饅頭、包餃子、蒸包子、炒菜，母親亦在旁幫忙；父親在家種花、養雞鴨、劈柴、修理水管、砌牆修繕，母親偶爾幫忙；父親生炭爐烤橘子，一家人圍著炭爐等待。這些日常看似稀鬆平常，卻成了我心中家的圖像，想想就覺著溫暖，以致長大後，我也學會下廚煮飯，親自動手做家事，願意去打工、做粗活。↓**這可能是我的童年環境使然**。

十歲以前，全家常一起散步：在黃昏的田埂上，在夜裡的巷弄間，在公園裡面轉悠。父母親手牽手聊天，孩子們跟在父母身邊。

十歲以前，全家常一起說故事：在老家的河堤上，夏天晚上涼風習習，父親鋪上塑膠墊子，聆聽河水緩緩流逝，全家躺著看星星。父親會說家鄉的故事、歷史故事與傳奇，可能讓我因此學會聽故事，也讓我學會說故事。我與父親之間，有好的連結。

童年被安全感包覆，親人之間情感流動，且被和諧、寬容地對待。這些，在幼年時不會特別意識到，一切關愛被視為理所當然，但卻是一個人的生命基礎，是生命中「渴望」的根基。

渴望的根基有何重要？乃一個人內在幸福的來源，有助於避免陷入困境。

記憶中父親會罵我，也曾動手打我，但打我的次數甚少。最重要的是他不記仇，責罵完，就讓事件過去了，下一刻依然溫暖地要我吃飯。父親不記仇的特質，影響孩子非常重大，四個孩子常覺得父親很寬容。

甚至，父母離婚了，父親對母親有怨言，但仍掛念母親，深怕母親無法維生，常想著未來要照顧她。**↓這可能是我寬容之因。**

回首我的成長歷程，我寫得相當細碎，但是我想透過瑣碎，表達一種愛的面貌。十歲以前，我擁有愛，擁有安全的環境，雖然當時不會意識到，也不會特別珍惜，卻建構了我的體驗，亦即在冰山的「渴望」層次，我擁有更多的可能。即使十歲之後受到衝擊，但那分愛的連結、深覺自己有價值的感受，在被包覆的安全感之中，為日後我與「自我」連結打造了根基。

十歲之後的生活，父親是風暴中的支柱

我十歲之後，家庭發生變化，父親帶著四個孩子，早晨為我們帶便當，晚上回家煮飯給孩子吃。飯菜並不可口，甚至難以下嚥，因為父親為省錢吃剩菜，但是他始終堅持崗位，有堅定安穩的形象。

母親斷續離家之後，父親也搞得一團亂，但他從未懈怠，也從未外出不歸，從未置我們於不顧，亦從未與我們冷戰。

父親最重要的特質，是他沒將情緒帶到日常生活中。他在家中忙得像陀螺，卻如常地照顧孩子。他並未帶著憤怒、煩躁或焦慮的狀態，這可能與他的經歷有關，他從戰亂、逃難中存活，因而練就了如常的能力。

我的學習成績不佳，父親想方設法求助，我卻一直不成材，父親最常說的話都是：「繼續努力，不要放棄。」我流連電動玩具，每日沉迷其中，停不下那股玩興，但是**內在有一聲音，腦海裡有一畫面，都是父親的教誨，還有煮飯的神情，我偶爾因此被拉回現實**。

當我聯考落榜了，父親雖有失望的神情，但隨後就鼓勵我加油。重考的日子裡，我無法安定下來讀書，到工廠打零工，父親並不贊同，但是我已經十八歲了，父親並未干預我。**他懂得給我自由，讓我在自由中領略愛**。

父親對我的寬容，還有他認為讀書重要，使我堅持聯考四次，最終考上東海大學。大學畢業之後，父親期望我當教師，我並未滿足父親期望。父親有時想說服我，但不阻攔我探索，也從不責備或諷刺我。甚至我到酒店打工，在龍蛇混雜的聲

李崇建
談冰山之渴望

幸福的奧義

色場所，父親雖不喜歡我去打工，但是我已經成年了，父親也從不阻止，只是要我注意安全。

父親仍對我有期望，他對我說過一句話，我牢記在心中：「咱們家的人，常是大器晚成。」如同台灣的諺語：大隻雞慢啼。

我常覺得自己會啼，只是時候還未到。父親給予的接納，也給了我一個「願景」：我是晚成的大雞，我終將起早鳴叫。

父親常不同意我的選擇，但是他關心而不控制，這對我有很大的幫助，那是一種期待與接納。

自從我二十七歲大學畢業，打零工或在家寫作，他都不喜歡我的選擇。我後來的職業生涯，從離開記者職務，到三十九歲離開教職，決定開設寫作班，父親的意見都與我相左，但他從未干涉，雖然並不同意我，卻仍舊鼓勵我。父親對我的接納，讓我有足夠的伸展空間，內在不至於糾纏不堪。

父親的未干涉，不代表他不談論，而是他不以自己的意志壓迫我的意見。

我們兩人的溝通仍出現很大的困難，只要父親談及我的工作，談及我的人生選項，我會感覺到他想要說服我，或者他「又來了」。我們的對話充滿火藥味，所幸父親最後都會表達，他是關心我的未來，但我要做什麼都行。

我對父親也有期望，我期望他不要騎車，不要那麼辛苦地做家事，不要大老遠買菜，不要……。這些事也會引起不少爭執，讓我感到無比沮喪。但是父親不記仇，每日買菜煮飯如常。胸懷寬大，情緒穩定，擁有穩定的特質，這是我體驗到的愛與接納。

父親從不吝惜說愛，他總是告訴我：「你沒回家，老子想你了。」「老子很愛你。」「我是你老子，我當然愛你。」「我需要你幫忙。」……

愛的體驗，有助於自我連結

我在父親的呵護下成長，浸潤在父親的接納與穩定之中，雖然十歲之後經歷了風暴，但是在那樣的環境下，我的心情除了憤怒、孤單、悲傷、沮喪與無奈，我也有寧靜與暖流。在生活的某些時刻，我也能安靜下來，思考重新開始。

十歲之後的心靈，一直到三十餘歲，我為自己定下決心，做了無數次「重新開始」的決定。雖然每次都打回原形，但我卻也未隨波逐流。我在酒店打工，但並未跟著抽菸、喝酒，也沒有因為賺錢容易，就待在我不喜歡的環境。我在二十七歲離開那個環境，繼續打零工生活。

待我三十二歲上山教書，開始認識薩提爾模式，受貝曼老師的教導，目睹他的對話與脈絡，我的內在即受到衝擊。我感到一種安頓深刻，身心充滿能量的流動。

這是非常特別的體驗，我認為與十歲以前的生命經驗，以及父親的守護有關，讓我的渴望層次有連結。

猶記得上課後幾日，叔叔、嬸嬸來家中，嬸嬸一眼見我，即驚訝說：「你怎麼變了？變得這麼深刻？我說不出來，但覺得你不一樣了。」

我記得當時回應嬸嬸：「我也覺得自己變了。」

過去我的身體常感浮躁，感覺自己浮動不安，有句英文「我不是我自己」最能說明此狀況。但是認識貝曼之後，浸潤在薩提爾模式之中，身體的浮動感降低了，內在有種深刻感常駐。我與人的對話也有了變化，變得能安靜傾聽，能進入他人的內在，變得有更多專注力，生氣的狀態大幅減少，寧靜的氣息大幅增加。我喜歡這樣的狀態。

這個神奇的體驗，我自己也說不清，直到近年我開始思索，應與「渴望」的連結有關。

到了二〇一二年，我讀托勒的著作，對「當下」這個概念有所理解，對觀想、連結自我有了方向，常練習透過感受，連結自我，逐漸感覺自己的自由，內在也更趨於穩定、深刻。

約二〇一六年左右，我透過腦神經科學認識到：**被真正關愛的童年，以及有重要他人的真心關愛、守護，對人的影響巨大。而那些創傷的過去經驗，可以透過正念、靜心與療癒，幫助自己擁有資源**。

父親過世前曾表示，母親離家之後，家庭紛亂不堪，四個孩子都混亂。孩子們成績差勁，不僅考不上學校，弟妹更有留級、出亂子、打架等事件不斷，父親幾乎心力交瘁，常在夜深人靜時落淚。但是，這些父親都挺過來了，在生命最後的十年，他最常說的話是：「每個孩子都變了。我太滿足了。」

父親過世的時候，我們安排了親人家祭。三弟提議每人寫一篇祭文，在父親靈堂前朗讀，代表對父親的無限思念。每個兄弟姊妹各自的追憶，皆是父親給予的愛，都是特別的個人體驗，都是屬於自己的獨有畫面，那是滋養我們生命的恩典。

父親賜給我生命，也給我連結生命的寶藏。我曾經在不堪的處境，被他深深地接納，也被他無條件地愛過。這是生命的渴望層次中，很重要的存有狀態。

內在豐盛，即渴望連結

我內心與母親和解，大約在三十三歲左右。彼時接觸薩提爾模式，我開始打電話給母親，說了三小時的電話，母親應該很訝異。

我上課時聆聽家庭圖像，瞬間與母親的仇恨化解了大半。當時，我繪製了母親的家庭圖，好奇她的童年生活，好奇外公、外婆的應對。接著，我對母親有了全貌的看見。從那時開始，我在過年包紅包、生活費給母親，也給當年恐嚇我的胖阿姨。並非為了孝道，也不是同情與可憐，僅僅覺得能力所及，我可以讓她們幸福點。

二〇一〇年夏天，我赴香港中文大學演講，參加全球薩提爾年會。我臨時有些感觸，出發前買了香菸、食物，帶給母親與胖阿姨。我猶記得那天的午後陽光，一輪紅日在窗外映照著。母親從廚房端一鍋薑母鴨，她們兩人招呼我吃飯。我已經多年未嘗母親的手藝。

胖阿姨抽了一口菸，若有所思地說：「以前我最討厭你，想不到現在你拿菸給我，對我們最好……」

我聽了她這句話，亦感觸良多。生命有很多可能，成長的狀態很美。回首這段歲月，青少年那段徬徨，視胖阿姨如寇讎，怎麼想到有今天？我願意徹底放下成見。她們仍舊生活在一起，多年來仍舊吵吵鬧鬧。她們年邁即無工作，身上無房，也無存款，所幸兄弟妹提供生活費，更決定為母親購屋，讓她們年老得有所居。

胖阿姨如今對我，應已放下多年敵意，但她個性一如既往。弟妹們的孩子們不喜歡她，因為她的語言充滿負向，充滿諷刺與調侃。雖然她本意並非如此，但說出來的話難聽，她應該經歷很多創傷吧。

二〇二〇年除夕夜，因為父親已經過世，手足們齊聚媽媽家吃飯。席間，全家拍大合照時，胖阿姨坐在一旁看著此景，也許有複雜的心緒，她以語言促狹姪女的姿勢，姪女為此哭了甚久。

年夜飯結束之後，我載著妹妹一家人返家，外甥女三三談起姪女哭了，對胖阿姨感到生氣。在忿忿不平地敘述之後，問我：「大舅舅，你有包紅包給姨婆嗎？」

孩子們喚胖阿姨「姨婆」。

我點頭應著：「有啊。」

三三更進一步問我：「你包了多少錢？」

我誠實回答她。

三三脫口而出：「你為什麼要包那麼多？」

我仍繼續對話：「若是你呢？你會包多少錢？」

三三快速回答：「包給她兩百元就夠了。」

我沉思了一下，徵得妹妹的同意，跟三三說了往事，關於我與胖阿姨的「恩怨」，對家庭形成的衝擊。

三三說：「那更應該包少一點，不是嗎？」

三三並未說「不要包」，而是說「包少一點」，可見她善良、可愛。

我以前恨胖阿姨，如今已不恨了，但我也並未愛她，更不是可憐她，我只是接納了她。最重要的是，我的內在安定了，常感覺平靜深刻，較少受外在影響。若能讓胖阿姨「老有所終」，讓她過年感到開心，我能力所及，何樂而不為？

我對三三說：「如果有一天，你能過得幸福，感覺圓滿和諧了，你不會想報復

『敵人』，也會希望『敵人』過得好一點。如果真要說報復，我是用『愛』來『報復』她而已。」

有一段漫長的歲月，我童年的期待失落，視胖阿姨如敵人。如今童年已經過去，失落的期待不可能完成。但是我的內在能夠改變，我可以讓自己活得自由，活在豐盛的連結之中，不再受過去的影響。

「渴望」的連結意味著：活在「愛」、「接納」、「意義」、「價值」、「自由」、「安全感」、「信任感」的體驗裡。

渴望層次的體驗，在遇到外在事件時，內在會如不倒翁，讓自己回復平穩狀態，並感受到平靜的能量。比如與人語言衝突了，自己內在受的傷比較輕，也比較容易復原，受衝突的影響小，不會被生氣困住太久、被受傷擊垮，也不會陷入煩躁、不安或痛苦的漩渦。在平常的狀態下，更易專注在當下，練習專注自我的能力，內在能感到深刻，身心間豐沛的能量感更深。

要獲得這樣的狀態，需要時時覺察自己，時時專注在當下。而我的覺察與專注能力，我認為與十歲之前的生命經驗有關，也與父親給予的愛有關，那是大腦神經發展的關鍵，是一個人生命力的鑰匙，開啟日後內在能量的關鍵。

10歲之前的冰山，以9歲為基準點

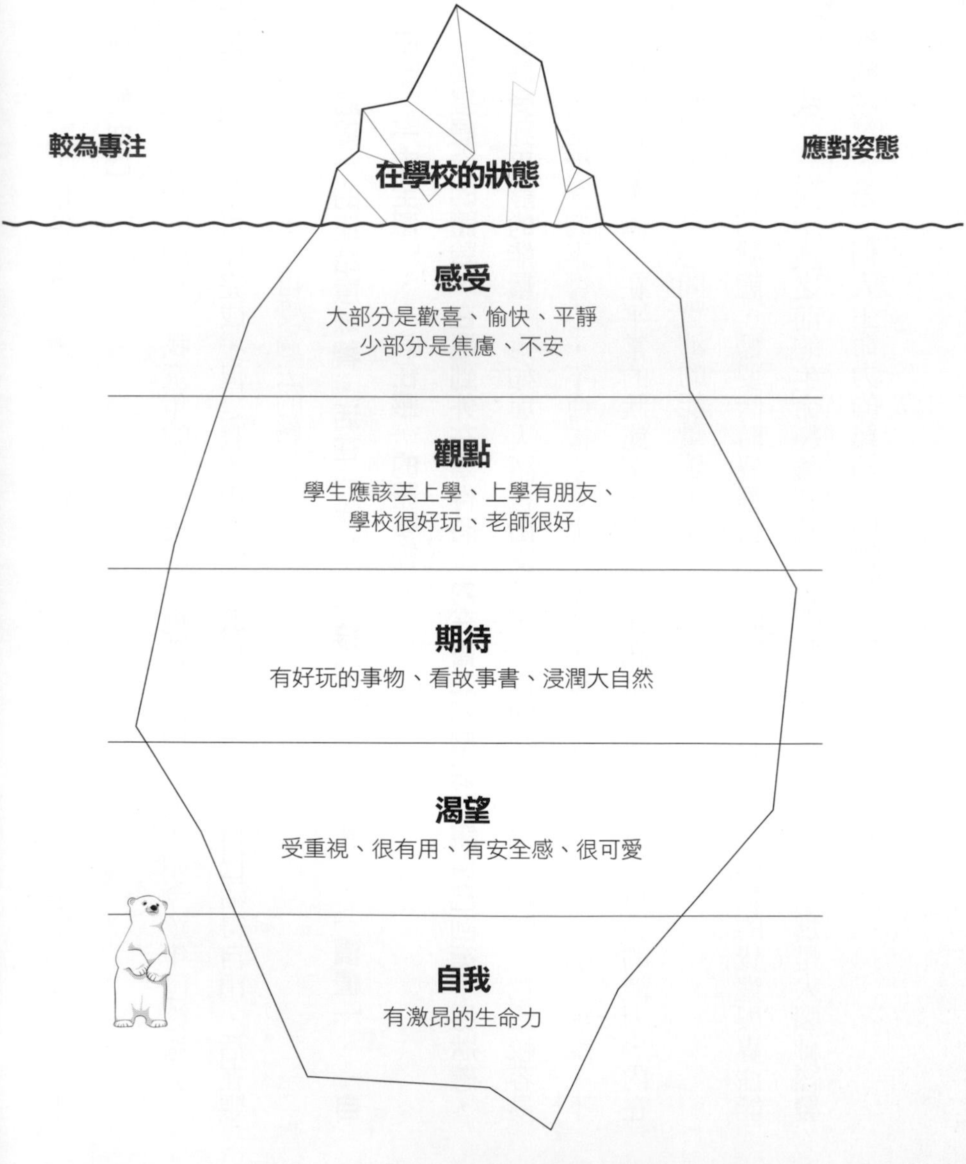

10歲之後的冰山，以12歲為基準點

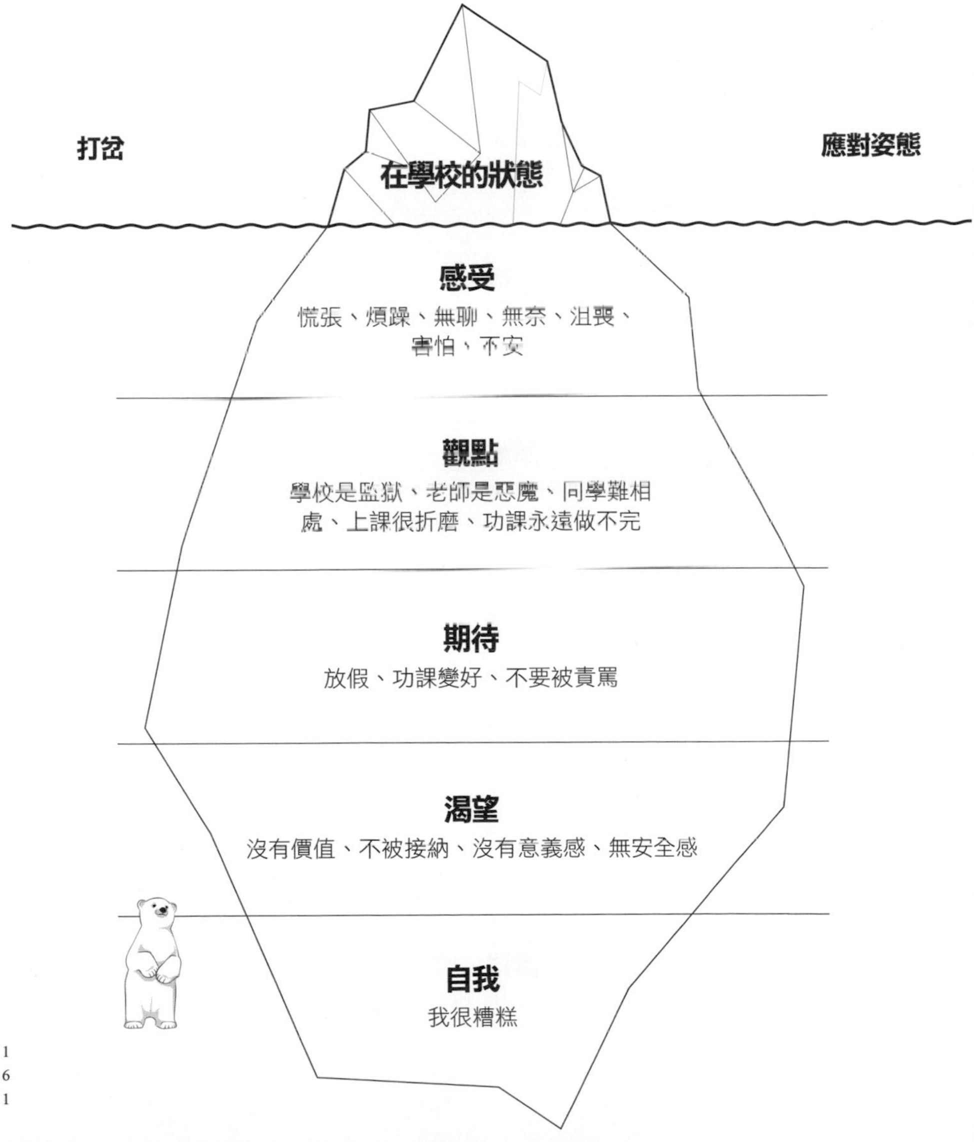

10歲之前的冰山，以9歲為基準點

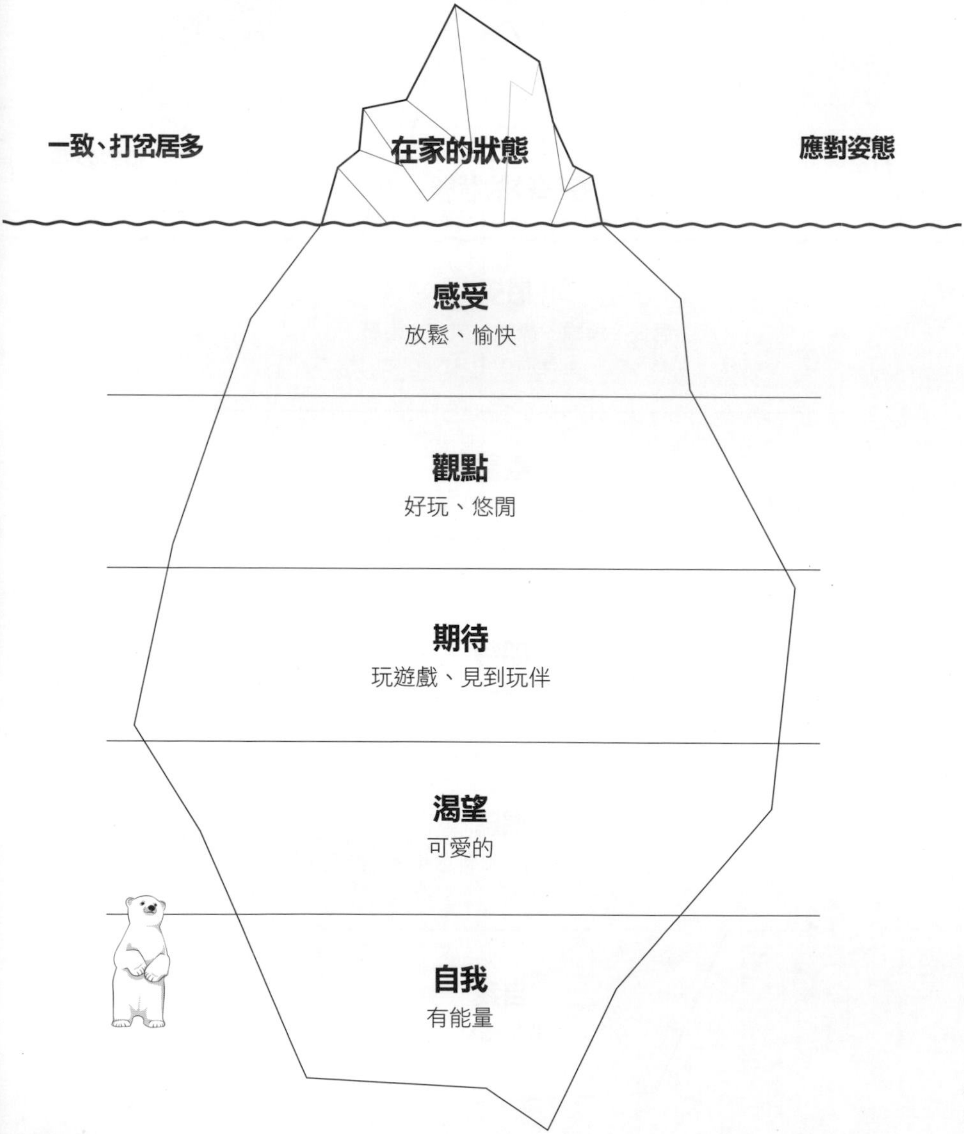

10歲之後的冰山，以12歲為基準點

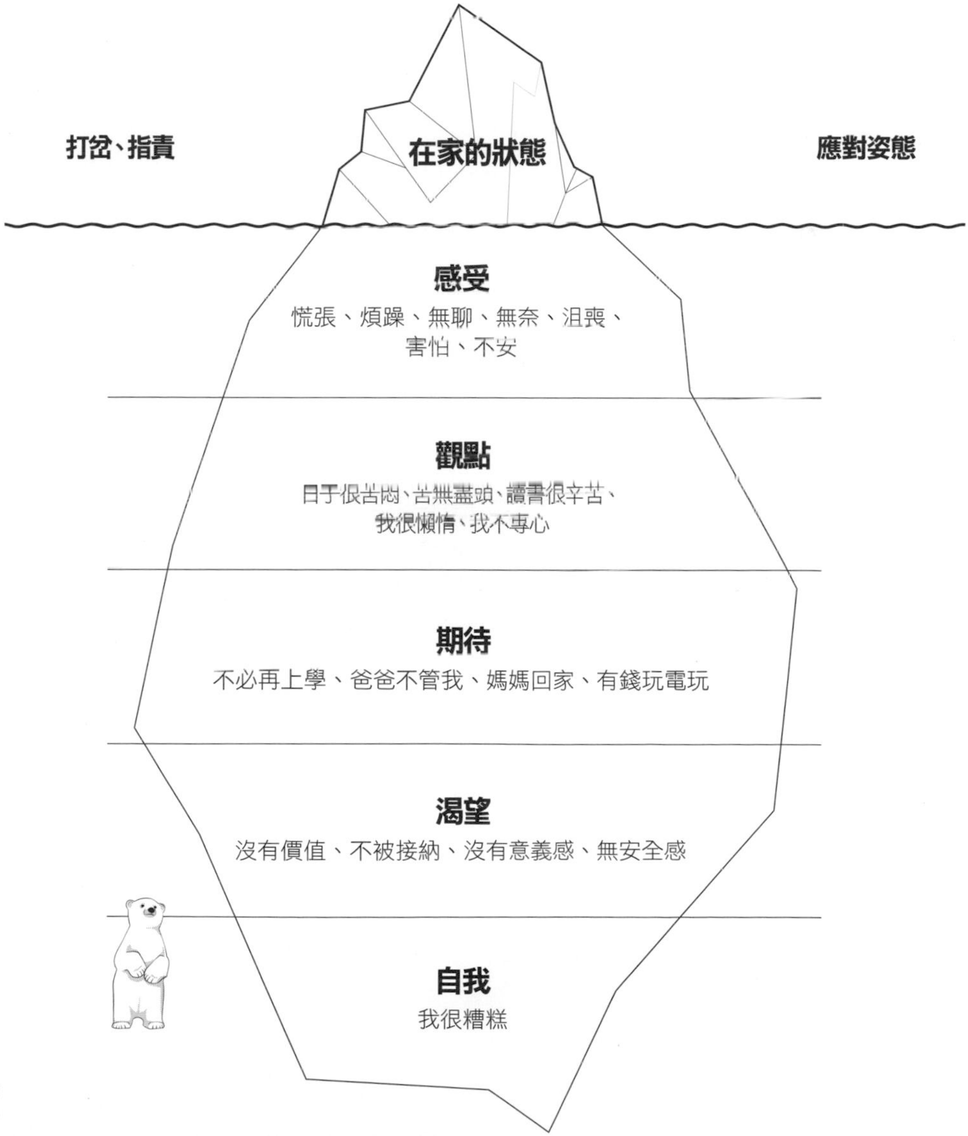

第五章

我與人的連結

在生活中連結自己，與人連結

學習薩提爾模式，讓我漸漸懂得，真正的問題在自己。要懂得與自己相處，也就是與自己連結。能與自己相處，才有能力面對世界。

無論世界如何變化，自己都可以不受影響，或者能覺察自己受了影響，進而懂得安頓自己，那麼和諧就從自我拓展到這個世界了。

生活中有諸多狀況，狀況也總是不斷地來，但是我可以不一樣。

他人如何都沒問題，問題在我是如何。

我懂得與自己相處，便懂得與他人相處。

這是一分體驗性，並非在腦袋裡的工作。

我在這一章中，舉出我與不同親人相處的單一事件，看看我學習薩提爾模式後的應對。雖然當時仍不成熟，但是已經與過去大有不同。

連結母親的渴望

父親八十七歲那年，曾經歷大車禍，肋骨斷了三根，脾臟因此破裂。

女孩為了上班打卡，車速可能過快，撞上父母的機車。女孩雙膝挫傷，在醫院見到我父親，哭得非常傷心，自責撞傷了我的父母。

當時父親傷勢嚴重，只知道肋骨斷了三根，需住院觀察一陣子；同行的母親則是手斷了，需住院開刀治療。女孩家境清寒，半工半讀念大專，發生這場車禍，她不知如何是好，問我父親如何善後。

父親反而安慰女孩：「你趕快回去吧，不需要你賠錢。」

手斷掉的母親，當時感到生氣，認為應索取賠償。

車禍事件的餘波

父親住院一週，在小年夜出院。在家僅僅一晚，隔日發現腹部腫脹，又匆匆送入醫院，方得知脾臟破裂。在除夕夜當天，需以手術摘除脾臟。

二〇一一年的春節，我在醫院度過，期間女孩仍致電，問父親的傷勢如何。父親渾身都痛楚，在病床上翻來覆去。開完刀後打點滴，鼻腔需要氧氣輸送，身上還插著引流管，春節期間只能躺在醫院。

大年初三上午，女孩來醫院探病。女孩非常純樸與天真，帶了六、七顆橘子，裝在塑膠袋裡，來醫院探望父親。

女孩到醫院方知，父親接受手術摘除脾臟，女孩難過地哭了。

父親自病榻醒來，問：「是誰來啦？」

我告知：「女孩來了。」

父親鼻腔插著氧氣管，說：「趕緊回去吧。過年，來醫院不好。」

女孩哭得更厲害，再次問是否需賠償。

父親見女孩未離去，將氧氣管子拿開，手指著自己鼻子，問：「你知道我是誰吧？」

女孩愣在當地，不知如何回答。

父親停頓了一會兒，彷彿是等待答案，但沒得到女孩回應。隨後認真地說：「我是個老師，你知道吧？老師不會處罰你，更不會要你賠錢，趕緊回去過年吧。」

父親說完了話，就疲累地躺下來，闔上眼睛休息了。

上述這個事件，我曾寫在《麥田裡的老師》中。經歷一場大車禍，父親痊癒出院之後，在家躺了一個月，終於回到正常生活，只是後續餘波蕩漾。

父親發生車禍，沒有讓女孩賠償，母親有她的意見。母親認為對方撞傷人，就應該負起責任，怎麼可以不賠錢？但父母住院期間，外務皆由我打理，醫藥與看護照顧，都由我來作主。我支持父親的做法，自認擁有善後能力，母親也就不堅持了。

父親因車禍切除脾臟，機車的強制險有理賠，保險公司補助三十七萬。我事後從保險員那裡得知，向父親告知此事。

父親疑惑地問：「不是女孩子賠的吧？」

我向父親解釋：「不是。是保險公司理賠。」

父親驚訝地說：「怎麼有這樣的事？」

我進一步解釋：「每年繳交的保險，車禍摘除脾臟器官，理賠三十七萬元。這筆錢，你要不要？」

父親開心地說：「保險公司賠償，我當然要呀。不是那孩子給的，就沒問題。」

我向父親要了證件，準備辦理事宜。父親在我耳邊，偷偷地告訴我：「理賠的事情，不要讓你媽媽知道。我每次寄錢給你大哥，她都不高興，老是跟我吵。」

我點點頭，表示理解了。

父親的三次婚姻

我這裡提到的母親，是父親的第三任妻子，也就是我的後母。

父親於一九四一年左右，十六歲就結婚了。那時父親已是村小校長，親事是爺爺決定的。

大媽生下大哥宗唐、二哥宗虞，中日戰爭仍未停歇，父親離開村小學的教職，輾轉到濟南讀書。大媽帶著兩個孩子，一路逃難前往開封。二哥在路上夭折了，大媽亦因肺癆病歿。戰爭結束後，父親與家人相隔兩地，一直到一九四九年為止，父親再也未與親人相聚。年方五歲的大哥，先跟著親人過日子，後來親人四處離散，大哥從此成為孤兒，過著行乞、寄人籬下與流浪的生活。

父親就讀濟南的中學，一九四九年跟隨老師撤退到澎湖落腳，成了流亡學生。機緣巧合之下，父親與他人相親，遇見我的生母，展開一段姻緣。生母生下五個孩子，兄長宗夏夭折。生母在我十歲離家，在我二十歲時與父親離異。

我大學畢業後，期望父親再娶，能有人陪伴他生活，以減少我的愧疚感。父親經人介紹，與後母通信數年。在我年紀約三十歲時，父親徵得孩子們的同意，將後母娶回台灣。

本文提及出車禍的母親，即是我的後母，第三位母親。後母嫁入台灣，孩子們為了與她親近，讓母親與家人少點隔閡，所有孩子皆稱她為「媽媽」，不稱呼她「阿姨」、「小媽」或者「繼母」。此文之後的稱謂，我亦用母親稱呼。

四兄妹們稱呼「母親」，內在並無勉強，因為她與生母同年紀，且孩子們衷心接納。這也是在連結母親的「渴望」，母親將感到自己被接納、被尊重。

二婚的母親，家中有四個子女，雖然都已成年，自己卻遠渡嫁來異鄉，不僅要面對陌生環境，還有非婚生的四名子女。不妨設想一下，她內在的冰山各層次，會有何狀態發生。她的感受、觀點、期待，以及渴望與自我層次，各會是什麼面貌呢？不妨畫一張冰山圖，即可同理母親的狀態。

再設想另一個畫面：夫家的四個孩子，一見面即自然呼喚「媽」。此時，母親的冰山各層次，又會有什麼樣的狀態？

在我的內心深處，我擁有三個母親。這是出於我尊重父親，也尊重三位女性，並尊重我的生命歷程，所發自內心深處的感激。

母親的生命經驗

母親的前夫病歿數年，她獨力工作、養家，將四個孩子提拔成人，與父親同樣堅

韌辛勤，在貧窮絕境中掙扎。但母親原是孤兒，受養父母養育成長，她內心深處常覺被忽略、不重要、被背叛、被遺棄，可能與生長背景有關。

我與母親常深談，聽她談論童年與家鄉，也聽她談及前夫。母親常稱我最懂她。父母在熟齡之後結婚，皆非初次婚姻，都經歷人生風浪，但並未因此懂得婚姻。兩人在家中相處，常為瑣事爭執、拌嘴。母親常與父親冷戰，我學得「不痴不聾不做兒孫」，能接納兩人的相處，畢竟那是他們兩人的功課。但我很能聆聽，聽他們兩人的心聲。

兄弟姊妹成年後，在各地工作、生活，只有我留在台中。我幾乎每天都回家，陪父母聊天或者吃飯，偶爾參與他們的爭執。父母親彼此的價值觀有差距，對於婚後的財產，亦各有不同看法。

父親窮苦半輩子，早年經同鄉介紹，參與地下投資公司，一九八九年賠光八十萬元積蓄。他生平唯一一次投資，即遇到詐騙的老鼠會，是台灣經濟史最大經濟犯罪，當時家中幾無存款。父親二十五年的教員生涯，省吃儉用一輩子，經我生母一度賭錢揮霍，又地下投資失利，退休後積蓄極少，卻又常想寄錢回大陸，給大哥宗唐家用。我估計父親是想要彌補他未照顧宗唐的遺憾。

父親只要寄錢回家鄉，母親也要求比照辦理，寄錢給她親生兒女。她認為對待子女需公平，既然寄給了宗唐，她的子女也應照顧，亦需寄錢回去。

父親自然極不樂意，認為所有子女已成年，皆可自食其力生活，唯獨宗唐年已花甲，物質條件不富裕，自然需要接受幫助。然而所有家務事，本無絕對的對錯之分，父母各來自不同的生活環境，各有不同的成長經驗，也各有在乎的人事，因此在期待、觀點上差異甚大，自然經常發生爭執。

保險金事件

當父親脾臟撞傷摘除，保險公司補償三十七萬，父親不想告知母親，我完全可以理解此事。

母親跟街坊鄰居相熟，聽鄰居說起保險的理賠程序，應有保險金可領。母親問了我數次是否可以申請賠償，我只能支支吾吾含混帶過，沒有給定答案。然而若要瞞著母親，還有許多漏洞：三十七萬補償款一入戶，父親的戶頭即有紀錄，而母親常去查看戶頭存款，祕密終究難以掩藏，到時真難善後。

錢撥入戶頭那日，我陪著父親去銀行，欲將這筆錢領出來，暫存入我的戶頭，日後父親可自由提領。當時我出了一個餿主意，請銀行補發存簿，新存簿就不會有紀錄，母親也就不會知曉了。

父親驚奇地說：「你怎麼想得到？」

「我小時候壞事做多了，都是這種小聰明。」

父親呵呵大笑，一派輕鬆的模樣。

當日午後，我和父親在土地銀行，大廳電視播放著新聞，父親滿足地看著電視。此情此景僅一瞬，但一瞬幾如永恆，我萬分珍惜當下，心中充滿幸福與感動。對比車禍情景，當時竟能與父親一起，共同做著一件「壞事」，我內心湧現幸福之感。

然而禍福常相倚，正當我們父子在銀行等待辦事員叫號，母親在那時來了電話，告知收到一封信，上頭寫著保險金有三十七萬元……

保險公司會寄信通知，我竟然忽略了此環節。就在我與父親去銀行時，掛號信被母親收到了。我沒聽母親講完，腦袋陷入轟然巨響，恍如童年做壞事露餡，一股熟悉的慌亂感隨即湧現。

父親還沉浸在他美好的想像：他能擁有一筆錢，資助宗唐大哥，無須再與母親爭執。那是他切除脾臟的代價，我實在不忍打斷。

在那一剎那的搖晃中，我見父親正哼著小曲兒，但仍需硬著頭皮告訴父親。父親頗難置信此結果，問我怎麼會如此。我僅能自嘲百密一疏、天網恢恢之類的說詞。

既然「東窗」已事發，銀行事務無須再辦，就匆匆忙忙返家了。

我載父親回到家巷口，心中仍舊慌亂，決定不進家門了。

父親問我：「你不進來了？」

我託詞還有別的事要忙，就不進去了。父親點點頭，也表示理解，自己隻身走回家裡。

我該怎麼辦呢？東窗事發的滋味難熬，日子總得過下去。

承認錯誤、接納錯誤，連結母親的渴望

我考慮再三，決定當晚要返家面對，心想若母親責罵，就全然接受吧！但我也決

定了，要與母親「好好連結」。

我開了大門，母親在樓下看電視，聽見我返家開門的聲音，起身招呼我：「你回來啦……」

父親正在二樓看電視。

這是兩人慣有的吵架模式：先是母親「指責」，父親以「超理智」回應。接著兩人進入「打岔」模式，一人待在一層樓，各自看自己的電視。

過往我會分別與他們說話，聽他們心中的怨言，彼此的「打岔」模式就模糊了，漸漸會回復以往的生活。但此刻我是「事主」，雖然保險金理賠的對象是父親，但我與爸爸「同謀」，共同瞞著母親此事，母親應覺得遭背叛。若是不說明清楚，未真誠地彼此溝通，家庭就會有一禁忌，彼此心中都有疙瘩。

以前常覺得做人真難，年齡漸長，有了學習，知道自己的方向，內在就不再於煩憂處運轉。若在煩憂處運轉，混合著複雜的思考，會讓我內在陷於困頓，對現實並無幫助。

學習冰山之後，我常將能量導向目標：覺察與接納自己，思考我想要的是什麼，我可以做些什麼，以及是否可以為自己負責。

覺察自己、接納自己，並且連結自己，是冰山的運作。從感受中覺知與探索，專注停留在感受中，再進入渴望層次，與深層的自己連結，內在能量就會穩定。若是渴望處不易連結，強烈的觀點會浮出，我便為自己探索「觀點」與「期待」層次，看看自己過往的經驗，再導入渴望層次，重新給自己接納與愛。如此，內在就容易和諧與穩固。

如同薩提爾女士所說：「面對問題，不是問題。如何應對問題，才是問題。」當我照顧了自己，與人應對就自由，而不會陷入「指責」、「討好」、「超理智」、「打岔」的四種應對姿態。

母親一如往常，對我說：「你回來啦……」

彷彿什麼事也沒發生。母親的冰山表面，沒有任何波瀾起伏。

就在母親打完招呼後，我突然詢問母親：「保險金的事兒，你知道了吧？」

這是一個客觀事實，我只是透過重述，讓彼此的談話有介入的點。

母親聽我單刀直入，倒是不知所措，並未立刻接我的話。

我停頓了一下，繼續說：「我沒跟你說真話，你會不會生氣？」

這句話是直接探索，概念是關心對方。「感受」是冰山下的第一層，我將關注的點，帶到母親的內在。但這樣的對話，對家人、一般人甚為困難，「地雷」或者原因如下：

一、違反談話的習慣，平常並非這樣談話。
二、說話者僅用「套路」，非真心與對方連結。
三、說話者姿態高，彷彿在照顧他人，說話容易超理智，非真誠進入交流。
四、對方沒準備好就暴露自己的內在，可能引發一連串變化。
五、對話者內在不穩定，容易被挑起波瀾。
六、目標是期待對方理解，而不是在渴望處連結。

母親有點驚訝，情緒流動了一下，瞬間維持和諧地說：「我不生氣……」

我靜靜地聽母親說。

然而，當我專注地聆聽，母親卻有了情緒，話鋒一轉：「我為什麼要生氣？你們父子倆都是知識分子，聯合起來欺騙……」

我沒有辯解，只是靜靜地聽著，並且跟母親表達：「媽，你生氣理所當然。」

母親聽我這樣說，難掩受傷、難過的情緒，眼淚不斷湧出，夾雜著新的憤怒：「那你為什麼這樣做？為什麼要欺騙我，瞞著我將錢藏著、掖著？你們到底要做什麼？……」

母親傾訴她的一連串情緒與複雜思緒，表示她無法理解……

我聽完母親說的話。我能理解母親的傷心、孤單與憤怒，除了對錢的重視，還感覺被排拒在外……層層疊疊的痛苦，也是一種生命課題，在此刻被徹底勾起，而我有機會聆聽。

我在媽媽哭泣時，真心地向她說：「媽，對不起。我錯了。」

媽媽接著質問我：「知道錯了，當初為什麼這麼做？」

我既能理解母親，但也客觀提出陳述：「爸爸要瞞著你。我依他的意思。」

媽媽忿忿不平地說：「你爸爸做錯事，難道你也跟著？他為什麼要瞞著我？」

「媽，你們的錢怎麼用，我沒過問，那是家務事。我作為兒子，只能看著，因為我愛你們。所以我也不明白，爸爸為何藏私房錢。」

很多人不明白我為何這麼說，以為是在卸責，將問題歸咎於父親。但此處需看對話的前後脈絡，而非單看一句話。我將陳述的方向，歸納為以下幾點：

一、陳述客觀事實：這件事的客觀事實有一連串脈絡，指向父母長期的爭執，因此後續的對話顯得至關重要。這句話只是開了門。

二、將對話帶至覺察：帶入父母長久以來的困難，母親將有機會覺察。

三、我與母親關係，本就有深厚的連結。

四、我的談話目標，不是誰對誰錯，而是與母親連結。

這句話，讓母親停頓了。

母親內在翻騰之後，湧起了諸多怨氣：「你爸爸不讓我花錢。他老是說我亂花錢。我自從嫁過來之後，都以你們為重……」

母親這句話，透露了無價值感、不被接納感，這是渴望層次。

若要與母親連結，那麼做子女的，需要與自己的渴望連結，方不至於淪為解釋或者討好的語言。

「媽。你待我真好，比生母還好，我生母離開之後，還好你來了家裡。」我說的是真心話，並非場面話。她在家為我煮飯，常關心我的生活，也陪伴爸爸生活，我感受到她的愛。

媽媽瞬間流了更多眼淚：「你們從小就沒媽，我看著都心疼，總想照顧你們。」

「媽，謝謝你。我一直都知道，我喜歡吃餛飩，你就包餛飩。我喜歡吃蒸魚，你就為我蒸魚。我一直都知道。」

母親聽我這麼說，哭得很傷心：「那些不是事兒。我真把你當兒子。」

我走上前去，抱著母親說：「媽，我都知道。對不起。你生我氣沒關係。」

母親也抱著我說：「我不生氣，我不生氣。要生氣，也是生你爸的氣。他老想寄錢給你大哥。」

「媽，這我就幫不上了。他寄錢給大哥，你不同意呀？」

母親擦擦眼淚說：「不是不同意，都寄多少錢了。他老想著宗唐，錢都不花在你們身上，尤其應該給你錢。你看家裡的開銷，每個禮拜吃飯，都是你花錢，連車都捨不得買……」

我聽著母親的絮叨，是在為我抱不平。

最後我仍告訴媽媽：「關於錢的事情，你還是好好跟爸爸商量。」

這個事件就這麼落幕了。父母之間的關係，重新回到過去。

關於她與父親兩人金錢觀的差異，我只是做到接納，接納他們會爭執，也懷著愛看他們兩人的日常。

弟妹們知悉此事，紛紛感到好奇。這麼恐怖的紕漏，我究竟是怎麼跟母親談話的。但我並非運用策略，目的亦非讓母親釋懷，我只是連結彼此，連結母親的渴望，真誠地關心她，也真誠表達自己。我認為這樣就足夠了。

連結大哥的渴望

台灣於一九八七年開放探親，父親一九八九年踏上家鄉。當時祖父已過世，父親的大陸親人們在戰亂逃亡中死傷殆半，剩餘的親人有我大姑、二姑、四姑、三叔與宗族遠近親戚，還有五歲即成孤兒、已年過半百的大哥，也就是父親的大兒子。

那年我仍在軍中，無緣跟隨父親返鄉。當時十五歲的妹妹陪父親返鄉，目睹親人相聚場面，淚水自然少不了，但衝突也非常多。據妹妹轉述，親人的衝突，都是為了照顧彼此，為了給彼此愛，卻反而形成了衝突。

愛是渴望的層次。

李崇建談冰山之渴望

但愛若未連結，愛就只是個觀點，或者是個期待，並未與渴望連結。

期待與渴望衝突

一九八九年父親返鄉一個月，經歷了天倫相聚，但衝突也無比真實，都是些雞毛蒜皮的瑣事。

父親返台前下榻西安，隔日從咸陽機場起飛，親人紛紛前來送行，這本是一件盛情美事。但姑姑、叔叔與大哥都是務農維生，生活清貧、勞務多，父親不願他們奔波。

親人們珍惜親情，而父親不想勞師動眾。彼此都有相同的渴望，但卻有著不同的期待。彼此為了愛而意見相左，世間類似情景，其實所在多有。

白髮蒼蒼的四姑、身形瘦弱的三叔，都在黃河灘務農。他們靠火車、公車、皮筏、走路，花了整整一天的時間，帶了大批禮物到旅館。四姑見了父親的面，直呼：「唉唷，累死我啦！我給你帶了東西……」

四姑胳膊夾著大西瓜、好幾袋農產品，還有自己織的布、自己製作的鞋子，要父親帶回台灣。農產品不得攜入台灣，他們哪裡知道？

父親見久違的親人為自己耗盡心力，而且徒勞無功，內在會如何變化，只要畫一冰山圖，或者稍作推敲，即可想而知。

親人們不僅奔波，還盛情帶了禮物，竭盡所能地表達愛。他們極為窮困，天亮就到田地裡，勞動到天黑才返家。當時吃飯連燭火都沒有，需摸黑在戶外吃，吃到飛入碗裡的蚊蟲是很稀鬆平常之事。當父親見了此情景，他身為長子，多年離家，不難理解父親心裡難受。因此，姑姑帶禮物送行的舉動，讓父親動怒。

父親若懂得覺察，在渴望處連結，讓自己安住當下，就擁有了深刻的能量，等於扎根深處，也就能懷著接納、感激與愛，接納親人送禮的心意，但回絕禮物，或者有創意地回應。

一旦內在自由了，就能創意地應對。但是父親並未學過這些，內在只有著急、生氣、心疼與難過，應對上，指責、說理都來了。親人們見此情景，內心應該也受傷，一樁美事瞬間翻轉，彼此可能都難下台。

父親的心疼與生氣，在看到大哥之後，更是爆炸開來。

李崇建
談冰山之渴望

大哥千里迢迢，遠從山東鄉下來，歷經幾天才到西安。他身上扛著一只麻袋，裝著剛收成的花生。他將麻布袋打開：「爹，這是剛收成的花生。您帶回台灣，給弟妹們吃。」

這時，父親的心疼、不捨、難過與愧疚，可能都在內心翻騰，但他的表達卻是憤怒。

這是艱苦走來的生命，常出現的生存模式。他關懷與愛著大哥，但表達出來的卻背道而馳，無法傳遞愛與關懷。

父親不斷責罵，兼之以道理。大哥只要一解釋，試圖表達與安慰，都被父親強烈反彈回來。當時十五歲的妹妹，返台後道出這些畫面，二十二的歲我只能搖頭，感嘆那就是父親的個性。

父親在家即如此，常讓我也負氣。雖然風暴來去匆匆，下一刻父親就平靜，回到充滿關愛的日常。所幸弟妹們都懂他，而我年紀漸長之後，也**懂得他的溝通姿態，不是他真正的表達，而是他的生存模式**。

他真正想表達的，是愛。

父親有一特質：只要爭執落幕，父親就能透過行動與言語流露表達愛。除了照顧整個家，他常跟我們坐下談話，那就是愛的流動，是至關重要的部分。與此特質同等重要的，還有父親很少控制我們，也少有執著的要求，讓我們擁有接納與自由，此即渴望層次的涵養。

這也是我歸納回溯自己的家庭，經歷母親離去的波折，孩子們受到動盪，生命卻能從谷底回升的最重要因素。

但是大哥與我們不同。父親與大哥多年不見，他認為自己未盡到父親的養育責任，內心自有愧疚。大哥少獲得關愛，也少與父親相處，這些責罵對大哥來說，又是傷痕。

大哥的痴痴等待

二〇〇五年夏季，我離開山中教職，與妹妹陪同父親返大陸省親，那是我第一次見到大陸的家人。

大陸的家族成員，主要分布在陝西與山東兩地。父親先飛到陝西，見叔叔、姑姑們，再從渭南搭長途大巴，到山東荷澤去看大哥。

長途大巴有臥鋪，長途跋涉約八小時。大哥僅知我們當日乘車，不知道我們何時到，亦不知在哪兒下車。大巴凌晨時分抵荷澤，在交流道放下我們，車子繼續前往青島。我們三人找不到旅社，臨時聯絡荷澤的親友，最終投宿表姑家裡。

隔日，表姑設宴款待，設法聯絡大哥出席。當時是二〇〇五年，手機、網路與通訊不如今日，大哥乃一老農民，家中沒有電話，身上沒有手機，只能透過熟人傳話。

表姑在中午設宴，僅有表姑一家兩人，還有我們三人，顯得有些冷清。表姑一早即託人傳話，請大哥中午出席。

中餐開始不久，大哥終於出現了。六十歲的大哥，頭髮一半已花白，臉上皺紋深刻，身著白色襯衫、破舊黑褲、黑色的農民鞋。

大哥一落座就說：「爹呀，俺在公交站蹲了一夜，一口水沒喝，一口飯沒吃，就等著你們來。」

大哥這句話，想要表達的是：「我很重視你們，我非常關注你們。」但父親聽了這句話，並沒有接受這分愛。

父親內心「未養育大哥」的愧疚，還有「想要好好教育大哥」的未滿足期待，都

讓他的感受、觀點與期待無法與自己的渴望連結，當然也無法與大哥有所連結。

父親當時八十歲，看著兒子比自己蒼老、老邁又疲倦的身影，內在的冰山攪動萬千，翻騰的是生命議題。於是，他對著大哥就是一頓教訓：「誰叫你等了？我叫你來接了嗎？你怎麼這麼傻呢？我們不會找地方住嗎？你用用腦子嘛！謀定而後動……」

父親教訓起大哥，只要大哥開口，便動輒得咎。

席間大哥沒敢動筷子，頻頻以手擦著老臉，看得出他滿腹委屈。表姑也在一旁調解，稱道大哥的孝順，勸大夥兒吃菜，但止不住父親的教訓。當時我也插話、調解，但是能力不夠好，對現實沒有幫助。

父親講到負氣處，不知怎麼地，接到這句：「你要是這樣子，下次老子來，就不要見你了。」

父親內在是心疼大哥，不想讓大哥操勞。這句話的意涵，應是表達：日後若無法聯絡，不要勉強來見我，因為「我關心你、我在乎你、我關愛你。你這麼操勞，我很心疼你」。

但父親說出的語言，卻成了傷人的話。

大哥應是傷心至極，彷彿「一片真心換絕情」。樸實的大哥問父親：「爹，你是不是不想見俺？」

父親氣正在頭上，馬上跟大哥說：「你要是這樣子，老子就不想見你。」

大哥肯定沮喪，似乎想確認清楚：「爹要是不想見俺，俺這就走了。」

大哥這句話，也不知是孝心，還是出於負氣。聽在父親耳裡，那會是什麼滋味？

他立刻回大哥：「你走好了。我不想見你了。」

大哥悲傷地說：「你不想見俺，俺走了。」

不是只有青少年才與父母溝通不良，兩個爺爺輩的父子，即使經常掛念彼此，心中都想照顧對方、想愛對方，但是見了面，依然如此衝突。

過去面對此種情景，我常有萬般無奈，覺得人生實在艱難。直到進入冰山的學習，理解人的脈絡變化，才看清晰「渴望」以下的層次，以及「渴望」以上的各層次變化，還有彼此的應對姿態，與冰山瞬息萬變的狀態。

我漸漸懂得：**人要先覺察，先跟自己同在，連結了自己的渴望，才容易與別人連結。**

我與大哥的初次對話

大哥起身離席了。他一個六十歲的老人，獨自蹲在公交站，一日夜的等待，沒有闔眼休息，沒有喝水，也沒吃飯，欲等待久違的家人，卻等到了滿腹的委屈。

大哥傷心地離去，眼淚從皺紋處滑落。我立刻追了出去。

大哥曾長居陝西，又回到山東老家，但都是在鄉下務農。他老陝的口音，我一直難明白，溝通就無比艱難。

初次見到大哥，我心中只有尊敬，想要有所連結，但我留不住大哥。

我追到了電梯口，急著跟大哥說：「爹就是這脾氣，在台灣也是這樣，您別往心裡去。」

大哥聽了問我：「是嗎？俺爹在台灣也這樣嗎？」

我費了好大的勁兒，才聽懂大哥的話，頻頻點頭說：「俺爹就是這個倔脾氣。」

大哥也聽得似懂非懂，估計對台灣口音陌生。他重複問了我幾次，才點點頭說：「俺爹是不是老了？」

我趕緊點頭回應：「俺爹真老了，今天不是您的錯。大哥真是辛苦了。」

我從兜裡取出錢，拿了五千元人民幣，塞到大哥的手裡。錢是父親準備的，要給大哥的零花錢，因為大哥太辛苦，年收入相當微薄。

大哥無視我的錢，聽了我的話，老淚縱橫：「唉！俺爹老了，俺爹真老了……」

我將錢再次拿給他，塞到他手裡。大哥卻堅持不收，只是擦拭眼淚，頻頻說著：「俺爹老了……」

大哥應該是感嘆，自己沒時間多陪父親，父親就已經老去了。

想想自己的成長多奢侈，父親始終陪伴著我。

我將錢推給他，他不斷推回來說：「大兄弟，俺不能陪俺爹。你要好好照顧俺爹……」

大哥的一番話，聽得我都心酸。我與大哥兩人，聽彼此腔調都費力，但心意完全相通，他最後哭著離去。我目睹他蒼老身影，心中無比感慨。

我猜倔強的父親，那一餐吃得很掛懷。他怎麼放得下兒子？但老人家的倔強，也是我在學習路上獲得的最大的禮物：接納一個人的狀態，接納一個人的應對，那對我是一個功課。

當時我學習薩提爾模式，專訓結業兩年了，但身心仍未深刻安頓。餐桌上仍跟父親嘮叨著，而非進入父親的內在，幫助他更深地覺察。但是與過去的我相比，已經

連結大哥的渴望

有了很大的進步。

過去我有很多憤怒，跟父親有過激烈爭吵，覺得自己才是對的，殊不知那是更糟糕的表達。其次，過去內在有很多無奈，外在變得無力冷淡，殊不知自己的渴望不連結，又如何能連結父親的渴望，最後讓親人和諧？

二〇〇五年的探親，我仍向父親說理，夾雜著對他的抱怨，但我感覺自己最大的變化，是覺察力較強了，不會執著於慣性應對，接納之心寬了許多。

記得當時父親說：「老子愛他，才會念他。他自小沒人教，連屙尿都不懂……」父親心疼大哥未受教育，執著於自己未養育他，深怕大哥吃虧受騙，因此時時想教育大哥。

父親難得生氣那麼久，兩天後才被說服，願意到鄉下看大哥。

那是我生平唯一一次，回到父親成長的村莊。村裡養著羊、驢等牲口，門前種著榆樹，大哥喜悅之情洋溢，像過節一樣辦桌。雖然桌上只有四道菜，且在院落裡吃飯，父親仍然無時無刻不教育著大哥。

大哥是我見過，面對父親教誨時，最老、也最順服的兒子。我在一旁看著這場景，無限唏噓之餘，也想著該如何與大哥連結。

李崇建
談冰山之渴望

大哥愛的表達

陽光無私且明亮地灑下，穿過榆錢葉的縫隙，光線與陰影和諧交錯，這是爺爺、父親與大哥住過的家。我曾在河堤的夏夜星空、日常的餐桌上、陪父親擀麵的檯前、父親在台老鄉的閒話中，聆聽到關於這個家的種種。

庭院擺上幾張木桌，矮桌油漆斑駁，家人分成好幾桌，在院落各處用餐。兩道尋常青菜，父親嘗了兩口，鹹淡不合胃口，旋即放下筷子，顧著跟家人談話。大哥要父親嘗豬肘：「爹，您嘗一口大肉，可好吃了。」

家鄉稱豬肉為大肉。父親因為高血壓，連嘗都不想嘗，但耐不過大哥勸菜，夾一口到嘴裡，旋即吐了出來。

父親生氣地說：「肉都臭了，怎麼能吃呢？」

大哥連忙嘗幾口，說滋味挺好，今天才剛煮的哪！

父親更是生氣，要我嘗嘗且評斷，肉是不是酸了。

我嘗了一口豬肉，的確已經酸了。但傻子才去當判官，何況來者是客，批評菜色並不尊重，大哥有這番心意不容易。

我搖頭說，嘗不出酸味，又捧場多吃了幾口。那是我能表達的方式，頂多吃壞肚子。

大哥為父親返家，特別烹調豬肉，那時在家鄉是珍饈。夏季氣溫炎熱，肉品需冷藏保鮮，大哥雖借來了冰箱貯藏，但家中無電力系統，豬肉依然餿了。父親因此教訓大哥，教育他生活常識，一發不可收拾。彷彿要把五十年來離家未盡到的父親責任一次彌補。

大哥只要稍一解釋，父親的教訓又推回來。

過去我在家中，練得一身好辯才，估計與父親的說教有關。我若說不過父親，便常常留下憤怒，不再去理會父親。直到年紀漸漸成長，形勢轉換了，父親總說不過我，只能說我「愛抬槓」。

我漸漸跟父親一樣，也愛爭辯、說道理。若非學習薩提爾模式，我與父親的關係，會糾纏於各種情境，會常感到困惑、憤怒、受傷與痛苦，但父親何嘗不是同樣狀態？

我與父親朝夕相處，與父親一直親近，因此抬槓、打岔都很習慣。但大哥闊別父親多年，只能以討好的姿態面對。大哥始終尷尬聽訓，彷彿盡了全力，卻始終搞砸的學生。那情景真難消受。

李崇建談冰山之渴望

院落裡都是親人，大哥已是爺爺輩分，兒子年紀比我都長，孫兒在一旁看著。我在父親耳邊說：「大哥已經當爺爺了，別再說了……」

未料父親聽了，大著聲音對眾人說：「就算當了爺爺，也是老子的兒子。老子教育兒子，那是天經地義。」

固執的人常如此，依照舊觀點行事，不問是否有效能，生命慣性早已形成。如今固執的人是父親，盡心力的人是大哥，又回到日前餐廳一幕。除了接納之外，我心裡想著該如何是好。

大哥為準備肉品，在無供應電力的老家，借來了一台電冰箱。這在我眼中，是「盡力」、「樸實」，是一種愛的表達，但在父親眼中，卻是「愚蠢」的表現。他生怕大哥處處吃虧，卻忽略了大哥歷盡滄桑，不缺人生的智慧。

大哥期待父親開心，期待父親健康，除了借來一台冰箱，更親手蓋一茅房。家鄉是蹲式廁所，如廁後沙土掩埋，再清掃至他處。父親年事已高，蹲式馬桶費勁，大哥為讓父親舒適，弄來坐式馬桶，除了親手挖坑洞，更弄來儲水的橡膠桶，再組合成像樣的廁所。這些都是為父親所準備。

大哥是務農的農民，為父親到來設想，需要商借、研究、組裝與施工，出自大哥一片孝心，父親並非不明白。但大哥的所有心意，都抵不過父親的「自責」：他未好好養育大哥。

「自責」不是一種感受，是一種內在的應對。瑪莉亞・葛莫利（Maria Gomori）老師說：「自責是在自我層次。」影響著一個人的根基，也影響一個人的自我價值，會衍生出潛藏的愧疚感。

父親無比心疼大哥，也很想關愛大哥，但一經語言表達，就是說理與指責。父親的渴望層次，渴望愛的連結，但估計未接納自己，未體驗自己對於大哥的價值，因此期待彌補一切，而衍生出說教的表達。不僅難以改變現狀，也易讓親近的人受傷，或者因此疏離，這是世間常見的景象。

以接納與愛連結

父親在家鄉是老爺爺，眾子孫只能聽他滔滔不絕的說教。這樣的應對慣性，想停也停不下來。

當時我已經了解，這是父親的生存模式，都是因人生經歷而來。我不像以前急著介入，接納的心靈就寬了，雖然仍忍不住說兩句。

除了接納此刻的狀態，我也想停止這場面，轉移對話的路徑。

我想起大哥的母親，我也早視她為媽。父親常提起她的往事，是刻苦耐勞的女子，年輕即得肺癆走了。父親提起她常感惋惜。

父親應懷著咎責，急於教育大哥，關於父親內在冰山的運轉，我已經有所理解，知道那不是父親的全貌。父親有固執之處，有慈愛之心，有堅韌的意志，若非個性如此，也不會在母親離家之後，一手拉拔我們長大。

我既然能懂父親，就能減少跟父親爭辯。另外，我也漸漸懂得一個道理：**人內在的執著，有時是一種慣性，並非不想停下來，而是無法停下來。**

我在父親停頓的空檔，打斷父親的說教話題，問父親老家的事，問堂屋（起居活動的空間）在哪兒，棗樹種在何處，也問到了大媽的歷史。

父親不斷稱讚大媽，是賢慧刻苦的女子，大哥聽了應有感觸。我臨時動念，想知道大媽埋於何處，因此問了大哥：「俺媽的墳在哪兒？」

大哥輕描淡寫地說：「在別人的地裡。」

我請大哥帶我去看，大哥搖搖手說：「就是一土堆，沒啥好看的。」

我向大哥問了兩次，大哥都搖手帶過。父親聽到我這麼說，很慈祥地跟大哥說：「帶你大兄弟去看吧！」

大哥非常順從父親，點點頭即領我去。那段路走得安靜，經過楊樹林，經過荷花池，經過一片旱田，再走入他人的玉米田。

玉米田間裸露一土丘，光禿禿的，沒有碑記，沒有任何的標誌。大哥指著土丘說：「這是俺媽的墳。」

我與大哥同父異母，他生命歷盡辛苦，我在台灣接受父愛，生命堪稱順遂。兩個生命日前才初見，並沒有太多的連結，不只大哥心思都在父親，父親執意盡「教育責任」，大哥心緒應難喜悅。我們的隔閡還有口音，即使我刻意轉換腔調，彼此都難準確辨認，也因大哥本就木訥，我們溝通並不容易。

父親曾談到大媽，除了說婚姻故事，也提及若非大媽病故，他不會在台灣結婚，又組成一個新家庭。

我心裡尊敬大媽，也感謝大媽的成全，讓我有機會擁有生命，擁有父親的關愛。

我見著大媽的土墳，便跪了下來磕頭，對著土墳頭說：「媽，我是崇建，我是你的兒子，我來看你了……」

一旁的大哥很激動，一把將我拉起來說：「大兄弟，別這樣……」

然而在那一刻，我與大哥靠近許多。因為我與大媽的連結，彷彿也與大哥連結了。在回程的路上，大哥主動跟我說話，雖然我們都難懂彼此，但彼此心意有很多流動。

回到院落之後，大哥逢人就豎起大拇指：「俺大兄弟，是這個的。」

午飯後的氣氛變得輕鬆，父親也不再「教育」大哥，坐在院落與故舊聊天。大嫂拿了一柄蒲扇，站在父親身後搧風，父親直稱讚大嫂，還要大哥懂得珍惜。院落裡的榆樹搖曳，熾熱的日頭西斜，天空如此湛藍，父親彷彿不執著了，大哥似乎也放鬆了，院落裡有一種恬靜。

傍晚，告別故鄉親友及大哥一家人，還帶著一絲惆悵，一大家人彼此道再見。當天回荷澤的路上，白楊樹於途羅列，故鄉的風輕輕地吹著，吹散了所有的執念。父親在車上仍聊故鄉，並談起了大哥的辛苦，那麼小的年紀失去母親，隻身四處流浪……父親的愛顯現在言談中。

以前我始終不明白，為何人們的愛總被深埋，相處時常深陷折磨？這些求生存的應對，常來自生命的歷程。唯有自己的渴望連結了，自我的根基才能穩固，在行動與表達之間，更能讓他人連結渴望。那是一分需被體驗的愛、自由、接納、價值、信任感、安全感與意義感。

從冰山的各層次，我明白了一個道理：美好關係的經營，重點在於自我的連結，否則辛辛苦苦地經營，若遇到了一個事件翻攪，自我的層次就會攪動不安。尤其常自以為正義、自以為是正確者的應對，常忽略了生命的全貌，但起心動念都是愛。

連結大哥的渴望

眼看回程藍天漸黯淡，金光在西天火紅，父親、妹妹、我與一位叔叔，找了一家餐廳吃飯。席間父親不斷感嘆，大哥吃仹都窮困，為了他要回老家，還為他弄了冰箱，弄了坐式的馬桶，真是難為大哥了……

大哥七十歲之後，就定居陝西了。若是我去西安講座，我會搭高鐵去見他，他都興奮地睡不著，每次必定親自迎接，張開雙臂擁抱我。大嫂罹癌住院時，我去醫院探望他們；大嫂生病過世之後，我去她墳上祭拜。每年除夕向大哥問安，這分連結一直延續到今天。

我總是想著那一幕：我跪在大媽墳前，大哥一把將我拉起，激動地泛著淚花，我們並肩走了一段路。那天的風吹輕盈，天空是如此湛藍……

學習者的實踐與分享

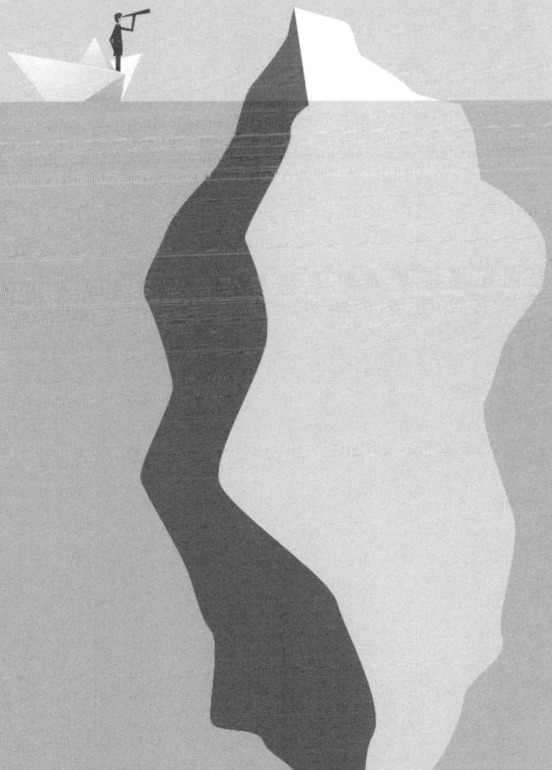

我們都是學習者

我將自己定義為終身學習者。

我進入薩提爾模式學習，已經超過二十年了。冰山對我影響最大，我在冰山之中悠遊，每一段時間就有新發現，尤其當正念、創傷、腦神經科學與量子力學概念，與冰山互相結合時，我擁有更多的發現。在學習冰山脈絡的同時，這些新知日新月異，讓我進入不斷學習的狀態。

過去我以演講方式陳述教育現場的狀況，並且當眾示範對話，示範如何應對各種情境、各種類型的對話。有些時候以角色扮演，請教師扮演脫序的孩子、扮演暴怒的家長；有些時候請家長扮演頑皮的孩子、扮演難溝通的老師、扮演碎念的爸媽；也會請業務扮演顧客、請主管扮演員工、請員工扮演主管……

我透過演講的方式，陳述我所認識，以及所運用的方式，得到不少的迴響。

這幾年來，我減少演講，開始舉辦工作坊，並且以對話形式，推廣互動的方式。有不少學習者很認真，他們的學習，改變了自己、家庭與社群，也有更多的夥伴，在各地演講、舉辦工作坊，我感到非常感動。我都稱他們為夥伴。

夥伴們的學習歷程，並非一路順遂，但是他們從自身開始，擴及家庭實踐，每一段歷程都很精采，都有讓人感動之處，也非常值得學習。很多初學者看了他們的分享，紛紛向我回饋。他們為初學者帶來鼓勵，也在一些細節上有所學習。

因此，我邀請夥伴們提供文字，分享於書中，並允許我修改文字，調整敘述的順序，但保留原作風格。在他們的故事中，可以看見心路歷程，有學習中遇到的困難，有自我覺察的部分，也有精采的對話。我曾選過幾篇刊登，很多讀者看到後的回饋，都是很感動。

我在文章後面，羅列夥伴的電郵資訊，也許讀者可以交流、分享，也可以邀請夥伴參與講座或工作坊，將經驗分享給更多人。

走出舊漩渦，看見新世界

幼時的記憶瑣碎，記得的事情不多。唯有一件事情，我深深記在腦海裡。就是小學四年級那年，我的父母離婚了。

我的父親外遇、家暴，迫使我母親孤身一人，離開了這個家。我跟母親的關係，並未因此變得親近，反而因為她太想給關懷，忽略我內心的茫然。

她是傳產公司職員，八點要上班。她經常一早六點多，買好水果與早餐，在我前往學校的路上等我。但是我在那段時期，只要一見到她，便擺著臭臉，大感不耐煩。

國小我的成績很好，國中開始成績下滑。當時父親忙碌，同父異母的弟弟出生。家人關注這個弟弟，我的學業無人關心。我感覺這不是我的家。

比起我的父親，學校朋友更像是家人。有人問起我的家庭，我都會說：「他們那一家人的事，我不是很清楚。」

我後來開始蹺課、逃學、離家出走，並且沉浸於網咖，學校朋友想要找我，都知道我不在家裡。我不是在網咖，就是在前往網咖的路上。

媽媽覺得我很可憐，可是我從不覺得。我看見她一早等我，而且是「為了我好」，我就一股怒火，從腹中燃燒起來，直竄心口與腦門。

於是我常罵她。罵她為什麼講不聽，都說了別拿，還要一直拿來。

她後來真的不送了。

後來我高職畢業，在加油站當加油員，領著微薄的薪水。但我很樂意如此生活，我不用再見到家人。

我跟家人疏離，跟我自己疏離，也跟世界疏離。我跟世界格格不入。

學習與自己連結

時間輾轉到了二〇一六年，我有了一份新工作，請講師談師生關係。我沒聽過這位講師。我很驚訝他也有著叛逆過往，好奇他如何成為現在的自己。

我開始學習對話，學習欣賞自己，學習靠近自己。我學習他的方式，他對自己做了什麼，我就跟著做什麼，也許會靠近我要的生活。

我開始主動碰觸自己，心中未曾碰觸的渴望。每一次碰觸自己，心窩處都糾結一團。每當我靠近自己的渴望，就感到內在有一個空洞。每碰觸一次自己，我都落淚。一年多的時間，我每天碰觸自己，都有幾分鐘泣不成聲。

之後，那感覺消融了，我不知發生了什麼事，但我開始改變了。看見我媽的時候，憤怒不再那麼大，不再無法做決定，不再因為難以拒絕她，或是我說的話，她不理睬，憤而去責罵她。

不同眼光看他人

有一次朋友要結婚，請我當伴郎。我沒有適合的褲子，但不想花錢買。我想到結婚時的西褲，誰知身材早已變胖，我無法穿下那條褲子，只好去求助我媽。

她早年隻身在外，為了多賺點錢，學習裁縫養活自己。媽媽學會修改衣褲，甚至製作衣物、窗簾與桌巾。

媽媽俐落地拿起捲尺，量了量我的西褲，再量我的腰圍，她開始細碎地說著：西褲與我的身材差距，恐怕很難更改，褲子沒有預留尺寸……

我見她拿起褲子，往工作間走去。

裁縫機靠著牆，那是一台老裁縫機。她有一台新型的、白色的、自動化的裁縫機，但她仍使用那台老舊款，需要腳一邊踩，手一邊轉一個小轉盤，機器才會開始動的骨董。

她坐下開始裁剪，我找了個位置坐下，面對一扇落地窗。我落座的位置，能看著她縫紉，也能看見窗外月亮。那天月色皎潔，月亮缺了一小角。

母親豈會像月亮？誰的母親像月亮一樣？

我的母親從來嘮叨，不像月亮無聲且溫婉。

我在等待的時候，三個聲音開始響起。

一是裁縫機的聲音，喀啦、喀啦、喀啦……

二是裁縫機穿透褲子，急速輕巧的咚、咚、咚、咚……

最後一個聲音最大聲，便是我媽的嘮叨聲……

她嘮叨數百次了：你要吃健康一點、你要多運動、你要多喝水、你騎車要小心、你不要那麼不懂事、你不要那麼愛吃肉、你不要那麼容易發脾氣、你不要老是講不聽、你不要那麼沒禮貌、你不要那麼不懂禮俗，你不要……

嘮叨聲音氣勢綿長，排山倒海一般，嘩啦嘩啦往我身上灌。

媽媽的嘮叨聲永遠不停。

我的目光從月亮移回來，落在我媽媽的身上。

在那樣的一個時刻，除了我媽的聲音，周遭如此的寧靜，我的內在也出奇寧靜。

在這分寧靜中，我看見一個念頭：**眼前的這個女人，大概是世界上最愛我的人了**。

若是她不愛我，不會始終如此嘮叨。在說了數百次之後，她仍從未放棄。

即使我一次又一次，以行動告訴她，我永遠不會是「她期待的那個樣子」，她仍從未放棄，想要我成為她心目中的樣子。

在那一刻，我突然明白，我有能力拒絕她，也有能力去愛「這樣的她」。我不需要跟從前一樣，用發脾氣的方式，去表達我自己。如果我已經明白了，並且接觸了自己的力量，我便不用對她生氣。我也可以讓她知道，我的所思所想。

看著媽媽的動作，我內在有了新的發生。我媽很快地改完褲子：「這已經是最大尺寸了。如果穿不下，就沒辦法了。」

我跟她說：「沒有關係。如果真不行，我再想想其他方法。我要回家了。」

她聽見我要回家了，趕忙走去廚房冰箱，拿出好幾種水果，要讓我提回家。多相似的景色呀？媽媽仍一如往昔，她仍是不詢問我，是否有需要，能不能帶回家，就直接將東西塞給我。

但我這次不一樣了，我的內在感受清澈。這是我第一次，從媽媽的慣常舉動，感覺到內心溫暖。我接過水果跟褲子，走到了門旁邊。我停下腳步了，大概有三秒鐘時間。我做了一個決定，將東西放到一旁椅子上。我轉過身，抱了她。

媽媽比我矮小許多，她被我的動作嚇到了，兩手舉得老高，做出投降的姿勢，嘴裡反覆地說著：「ㄟ……你要幹麼？你要幹麼？」

我的家庭文化，從沒有過擁抱經驗。

我擁抱了她幾秒，她說了七八次「你要幹麼」。她也許明白了，我只是想要抱她。她也將手擺放安然，拍了拍我的背，好像我仍是那個襁褓中的嬰兒。

又抱了她數秒，她開始把手往下，摸到了我的腰際，便順手抓了兩下，告訴我：

「唉……唷……難怪你要來改褲子。」

這就是我的媽媽，是這樣可愛的女人。

媽媽一點都沒有改變，是我改變了。

全新眼光看自己與世界

當我連結自己久了，我生命那些慣常的存在，我多半能以愛的眼光看待。我生活中的大部分時光，都能充滿愛的能量。

父親後來罹癌了，一直到離世的那一年，我跟他也有許多親近。我的生命改變了，與周遭的關係也變了，因為我改變了。

本文分享者：曾致仁，對話帶領講座
電子信箱：zuruineko11@gmail.com

欣賞了自己，也接納了孩子

近來跟一群夥伴們，參與寫讚美日記，需連續寫三十天。每天寫下三件欣賞自己，或者喜歡自己的事，然後跟大家分享。

不知不覺已經持續寫到第二十天了。剛開始大家都茫然，不知道要寫什麼，總覺得要完成特別的事，才值得讚賞自己。

我想，我每天做那麼多事，如果無法找出三件，自己能喜歡與欣賞自己的事，那我每天都在做什麼。

於是我慢慢養成習慣，沒事就停下來，用正向的眼光看自己，看自己正在做的事。

真的沒什麼事，我就深深呼吸，認真謝謝自己，願意回到內在。

漸漸地發現，我愈來愈能看見自己。用比較不苛刻、比較全面的眼光，完整地看待自己。

生活中的能量，也慢慢地在改變。

欣賞與連結自己

這是剛剛為今天寫下的：

二〇二一年五月八日 星期六

1. 明天母親節，我們昨晚連夜開車，來到南加州，給公婆一個驚喜。一年多未見面了，公婆看到我們很開心。晚餐大家共聚一堂，我看著先生全家，覺得自己很幸運，能跟這麼善良可愛的一家人結緣。對於沒有什麼學歷，沒有娘家的我，他們都願意接納，並且這麼喜歡我，我想我一定也是個很棒的人。

2. 晚上跟小姑的先生玩西洋棋，結果我們平手。能跟一個史丹佛畢業的專科醫生玩成平手，我也太強了吧！

3. 今天上課時，要在大組面前示範對話，只有十五分鐘的時間，要有始有終，壓力很大呢。雖然感到緊張，我還是盡力做到最好。真不容易啊。

寫完了第三個，突然覺得能走到今天，真的是很幸運，真是不簡單。於是寫下第四個欣賞自己。

4. 突然覺得從那麼小，就要獨自面對這個世界，完全沒有家人的支持與引導之下，能一路走到今天，真的非常不簡單。我真是好幸運，也覺得自己好勇敢、好堅強，非常不容易。

我常常對老師表達感謝。我這一路的改變，是從認識他之後。那時候的我，覺得自己是失敗的母親，沒有價值的人，是老師扶了我一把，給我一點希望，也給我學習的方向。之後的人生雖仍有起伏，但真有漸入佳境的感覺。

應對孩子的情緒

十一歲的老大，從五歲就想養寵物。我一直沒答應，照顧三個孩子不容易。我不想再折騰自己，幫動物把屎把尿。

居家防疫期間，老大常常要求我。我們的鄰居、朋友們都紛紛淪陷了，不是養鳥，就是養狗，也有養天竺鼠，或是養豚鼠。老大開始每天轟炸我。我快要舉白旗了。

我與老大討論，她答應全權負責。我答應女兒從朋友處，借來兩隻兔子，養一陣子看看。

上週末跟朋友約好了，星期四帶兔子們來。前提是孩子們收拾家裡，我會陪著她們收拾。這星期的每一天，老大都問我：「星期四了沒？」我也每天都提醒她，如果家裡還是這麼亂，兔子就不能來了。但是孩子不以為意，她們的東西還未收。到了星期三晚上，我跟朋友取消兔子來住，我們還需要一點時間。

老大聽到後馬上崩潰，不斷地大哭大鬧。

她一開始還拚命要求。知道我心意已定後，開始不理智地說寧願死。

我看著她的哭鬧，想著這樣就想死，以後失戀怎麼辦。

然而，這不就是個機會嗎？讓她練習面對失落。

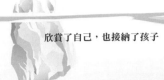

我冷靜地告訴她，明天兔子不會來，媽媽知道你很難過，但是媽媽沒有辦法，在家裡一團亂的時候，幫忙照顧新的寵物。這不是她的問題，是我不想這樣，也沒能力照顧寵物。

她並不理會我，生氣地把我的手甩開。

我讓她去客廳，跟她爸爸一起。我帶兩個小的睡覺。

先生雖然沒有學過薩提爾，或者是正向教養，但看著我這兩年的改變，他也比較能接納孩子的情緒。

女兒的哭聲慢慢靜下來，原來先生讓她看電視了。雖然這是打岔，但也是讓女兒轉移注意力，有個台階下的方法。

經過了一個小時，我去看看她。她已經沒事了，正在吃水果，然而一看到我，她突然哭了起來。

我這時意識到內在，有股煩躁感升起。因為已經很晚了，我擔心她再不睡覺，明早起不來上課。於是我讓爸爸陪她，對她說：「媽媽愛你。」我就離開現場，照顧起自己的情緒。

沒多久，她過來找我，說她睡不著。我請她躺在我身邊，她止不住的哭泣。

此刻，我的內在安定了，決定跟她對話。

我們先談感受。此刻的她有生氣、有難過，還有擔心。她擔心自己，永遠都不能養寵物。

生誰的氣呢？她氣自己「不能擁有兔子」。她生氣的時候，身體有什麼感覺嗎？

她不習慣這樣的對話。一開始說不知道，慢慢地說出生氣時，她頭的右邊會痛。

我本想帶她做六A編註，跟自己的感受在一起，但她不想感覺痛。

我探索她的頭痛。除了兔子明天不能來，還有我不讓她擁有兔子，她認為我不在乎她的感受。

編註　六A指的是Aware（覺察）、Acknowledge（承認）、Accept（接納）、Allow（允許）、Action（轉化）、Appreciate（欣賞）。

這六個程序，是作者設計來引導人在情緒中能有所覺察，深刻地跟情緒靠近的脈絡。因為當人們有了情緒，常常會與情緒的念頭混雜在一起，或者忽略、放空了，使得自己不能專注地靠近情緒。因此作者設計了六個A的脈絡，引導意識一步步靠近情緒，進而於內在得到空間，使內在能量流動。

我開始想辯解，我問她：「我是那種不在乎孩子，會故意讓孩子難過、受傷的媽媽嗎？」

這時她不說話，嘴唇緊緊閉著，雙肩有點僵硬。這時我有了覺察，我發現自己回到了慣性，又想要講道理了。

我決定停下來，但不想中斷對話。

我帶她回到感受，問她頭還痛嗎？她與我展開一段對話。

「喜歡痛嗎？」

「不喜歡！」

「當你這樣想，會讓頭比較痛，還是不痛？」

「比較痛。」

「那你怎麼還要這樣想呢？」

「我不能不想。」

「你可以做些什麼？讓頭不會痛呢？」

「不知道！」

「讓我們一起想想看。比如有沒有可能明天我們把家整理乾淨，後天就可以讓兔子來？」

「可是我們可能整理不完，或者你朋友改變主意，把兔子送給別人。」

「嗯，那也是有可能的。不過，你這樣想，會讓你的頭比較痛，還是不痛呢？」

「痛。」

「你想讓你頭痛的，還是不痛的？」

「想不痛的。」

我們就這樣反反覆覆，讓她覺察自己的想法，如何影響她的情緒。她又可以怎麼樣做決定。

夜漸漸深了，她慢慢平靜下來。我們相擁而睡。

在臨睡之前，她說：「Thank you for making me feel better.（謝謝你讓我覺得舒服一點。）」

那一刻，我與她連結，我有很深的喜悅與感動。

我們談話不到半個小時，她從憤怒變成對我感謝。對話的力量真大！

過往的狀態

這些日子以來的學習，讓我改變很多。

要是發生在以前，我一定會大抓狂，不但不准她哭，還會臭罵她。她東西都沒收，還好意思哭。為了雞毛蒜皮的小事，說什麼死不死的。

我要弄兩個小的睡覺，還有個線上讀書會，這一切理應讓我焦躁。然而我內在出奇平穩，只有五到十分鐘煩躁感升起。即便內在有煩躁感，我也有了覺察，並未吼她或對她大聲。

第二天起床，女兒沒有再提前晚的事，也沒有情緒了。她很快將功課做完，帶著兩個妹妹積極整理家裡。

星期五的時候，她們迎來生命中的第一個寵物。

睡前，我笑笑問老大，之前兔子沒來，她痛苦說要去死。現在兔子來了，她有積極地想要活著嗎？她聽完，大笑了。

過去只要孩子大哭，尤其是因為失落，我會有很深的煩躁。我會展開超理智模式，開始講道理，但她們的哭泣也不會停。於是我會開始憤怒，音量逐漸提高，孩子的哭聲也更大聲。接下來，我會狂怒，吼罵孩子，不准她們再哭，她們會因為害怕而停止哭泣。

這整個過程，都是自動化。我只知道心裡非常焦躁與憤怒，只想哭聲趕快停止。

然而，每當怒罵孩子，我幾乎每次都會看見一個景象：父親吼我的樣子。那是我最不喜歡，最不想讓孩子體驗的，而我卻不斷地重複父親的應對方式。

所以每次吼完，我就會深深地自責。

如果我罵了孩子，當晚一定睡不好，半夜常會醒來，因為自責無法入睡。

以前我也不懂修復關係，頂多再曉以大義一番。但這對於關係完全沒有幫助，只是讓孩子覺得自己做錯，是很不好的人。

我的老大被我罵最多，也罵得最久。

當她生氣的時候，會想傷害自己。幼年時會捏自己，長大一點後，會用指甲刮自己手臂。

我曾經跟她談過，問她這樣弄自己，有比較好過嗎？她說並沒有，但是不知道為什麼她就會想這樣做。

我猜測這個原因，她是因為不被允許有情緒，卻又被我責罵。內在的能量不流動，長期壓抑的結果，用這樣的方法洩怒。

這一次的兔子事件，我很欣慰的是，即使她這麼生氣，表達如此激烈，我看她不斷搓手，但始終沒有傷害自己。我猜測跟我這一兩年來，比較允許她哭泣，應該有關係吧。當情緒有了出口，她就不用壓抑，甚至自殘了。

第一次我跟她說「難過就哭吧」，是參加老師工作坊的隔天。

當我這樣說的時候，她抬頭看我，完全不敢相信！

這兩年，我的內在變化非常大。我很幸運碰到老師，學習薩提爾溝通方式，讓我跟自己還有孩子們的關係也變好了。

本文分享者：蔡明宜（Sue），定居舊金山，對話推廣講師、ICF認證教練
（International Coaching Federation Associate Certified Coach）
電子郵件：suewangsf@gmail.com

走過情緒風暴

我準備出門洽談公務，客廳卻傳來先生與孩子的爭執。剛剛還開心的瑄瑄，瞬間哭了起來。

瑄瑄放聲大哭，我趕著外出赴約。以前遇到這情況，我會對老公發脾氣，再對小孩說教，或者置之不理，逕自揚長離去。

這次，我有新的選擇。我決定帶瑄瑄赴約，路上跟她聊聊。

車上反覆問瑄瑄，原來爸爸給她規範，她覺得無法遵循、感到被限制，心中忿忿不平。

我安慰了一陣子，卻不見她平靜。

瑄瑄坐在後座，困在各種情緒漩渦。她氣得跺地板、捶車門、頭撞座椅。車後座載了暴雨、龍捲風，我感到不耐煩，怒火也被攪動。

這樣的哭鬧行為，過去我絕不容許，肯定大發雷霆飆罵。

她哭泣聲不斷，更嘶吼著：「為什麼那樣規定！我不能有自己想法嗎？」

她哭吼的聲音，像一把鋒利的劍，狠狠刺進我心中。我意識到孩子憤怒，我自己也非常惱火。

覺察自己，接納孩子情緒

我抓穩方向盤，給自己三個深呼吸，停頓了好幾秒，深呼吸且和緩跟女兒說：「瑄瑄……我知道你著急……也知道你生氣……知道你很為難……我都知道。」

我緩緩跟女兒表達：「你可以哭，也可以生氣，但你不能跺腳捶車，那樣會讓我分心，我們會很危險。你可以試試深呼吸，讓自己緩和一下。現在我需要專心開車，等我忙完工作，再陪你一起想辦法。」

我覺知自己的惱火，深呼吸停頓自己，試著回到當下。我接著專注開車，後座的暴風雨，漸漸轉變成細雨。

見完客戶之後，我關懷瑄瑄。她剛剛氣急敗壞，陷入矛盾、無助。

「瑄瑄，謝謝你陪我出來工作。現在時間還早，我們去散散步，好嗎？」

瑄瑄點頭，答應了。

以好奇關心孩子，傾聽與理解

過幾天就是聖誕節，我將車子繞到公園，公園布置著溫馨燈飾。

我們倆牽著手，散步在花園小徑。我右手摟著她的肩，緩緩地問她：「瑄瑄，現在，你還好嗎？」

瑄瑄點點頭：「嗯。」

我停頓了一下，緩緩地問她：「剛剛來的車上，你看起來很生氣，是嗎？」

瑄瑄點點頭，立刻紅了眼眶，帶著一股委屈說：「對呀！」

冬季的空氣冷冽，但公園還有翠綠草皮，被路燈照得發亮。

我們坐在草皮上，我專注地問她：「發生什麼事？你願意說給我聽嗎？」

瑄瑄娓娓道來：「我感覺超級矛盾，而且好不公平。爸爸的規定，根本沒有道理。為什麼一定照爸爸的？不照他的做，還要被處罰。我好像走在迷宮，根本走不出去。」

瑄瑄眼淚掉了下來。

「你很為難吧？」

瑄瑄啜泣著：「嗯。對啊。」

「會覺得委屈嗎？」

瑄瑄點點頭：「嗯，會啊，而且很生氣。」

瑄瑄的眼淚，再次大量流出。

「你的生氣我看到了，委屈我也聽到了，你的想法，我也懂了。謝謝你願意說，讓我更了解你。你希望爸爸也這樣，像媽媽聽你說，然後了解你嗎？」

瑄瑄搖搖頭：「不想！沒用的！放棄治療！」

我被「放棄治療」逗笑：「放棄治療？我很好奇，怎麼會放棄了？不跟爸爸聊嗎？」

瑄瑄：「爸爸又不會聽。如果能聊，剛剛就不會吵了！」

我：「爸爸以前也都不聽嗎？」

瑄瑄：「爸爸就是那樣啊。只會一直管我們，沒照他的意思做就處罰。我們有自己喜歡的、自己想做的，但是只要跟他想法不一樣，他就直接用規定的，要我們遵守，算了啦……」

瑄瑄聲量提高，表情有點氣憤。

「算了？所以，你放棄治療的意思，暫時不想跟爸爸聊，是嗎？」

瑄瑄點頭：「嗯！」

「爸爸的規定，讓你矛盾、為難，怎麼辦？」

瑄瑄：「如果我能做的，我會試著做做看。如果我真的不行，我再告訴爸爸，我不行的原因。」

孩子說不想聊，但此刻她的方式，已經透露願意溝通了。

對孩子表達欣賞與愛

「你不喜歡爸爸的規定，還願意試著做看看。做不到再告訴爸爸原因，即使他有可能接受，也有可能不接受。我覺得你很不簡單。」

孩子漸漸大了，我常常在想，要怎麼教養孩子，讓他們美好又獨特，而不是複製出另一個自己。

學習薩提爾模式，已經將近四年了。親子衝突並沒有消失，我偶爾仍夾在暴風圈裡，但卻成了我修練的機會。

我在「聽話」系統中長大，認為乖順聽從就是好孩子。過去的教養觀念，我複製那樣的教養框架，常用講道理應對孩子，還要應對打罵指責的老公，問題很少得到解決，反而引爆更大的情緒衝突。好長一段時間，我感到相當糾結，對於自己的情緒，既不覺察，也不接納，也不容易接納孩子感受。

這幾年的學習之後，對自己探索多了，對自己的感受、觀點、期待與渴望，如何形成、從何而來，我有了更多理解。能意識到自己的情緒，跟自己的情緒相處，與人溝通時，能較和諧、一致表達，對他人的連結也更深了。

這一路走來，都很不容易。

我看著身邊的寶貝，她神情輕鬆多了。

「瑄瑄，我們這樣散散步，坐著聊天，你感覺怎麼樣？你喜歡嗎？」

瑄瑄眼神澄澈發光，像耶誕燈一樣閃爍：「很開心啊，喜歡啊。」

「媽媽抱一下，好嗎？我很愛你，以後有什麼事情，你覺得開心、生氣，或者難過了，只要你願意說，我都願意聽。」

剛剛冷冽的北風，漸漸趨緩下來，但此刻氣溫甚低，我牽起她凍得發涼的小手，放進我的口袋：「會冷嗎？」

瑄瑄：「不會啊。放在你的口袋很溫暖。媽媽，你的手好冷，我們趕快回家吧！」

我的手雖然很冷，心卻是暖暖的。

本文分享者：蔡倩渼，服務於金融保險業，學以致愛・華人學習成長中心講師
個人信箱：cammytsai168@gmail.com

身心與關係，已默默轉變

過去的我常逃避。

遇到困難、挫折，或者危險，先逃避再說。要逃往哪兒去呢？也許，最初的目標，就只是逃離「家」罷了。

記憶裡的爸爸，對我來說很艱難，我想要靠近他，卻又那麼難以接近。爸爸的權威讓我緊張，一不小心就被他指責。即使跟爸爸反映「別那麼凶」，他會說：「這樣哪有凶？我還沒罵人呢！」

無論什麼理由，他都能當作罵人理由。

我與爸爸的關係，愈來愈疏離、愈來愈冷淡。年紀稍大一些，我開始嘴上反擊，心裡有話寧願藏起來，也不願意對他說。家裡充斥抑鬱的氣氛，讓我難以呼吸，我不知道怎麼回事，只是覺得大人非常差勁。

我的青春期，一有機會就往外面跑。

我還記得每次離開家，踏上台北車站大廳，車站的冷氣灌入鼻腔，那股冰涼的氣息，對我而言是「自由的味道」，全身輕鬆、愉悅得不得了。我會多站在大廳享受輕鬆，我擁有奢侈的自由。

家庭的衝突、壓抑與疏離，並沒有隨著時間，而獲得任何解決，反而愈演愈烈。

一直到媽媽病逝前，她還曾問過我：「為什麼我們家，會變成這樣？」

媽媽的話語，引起我的強烈不滿，憤怒在心裡吶喊：「變成這樣子，難道你不知道？還要問我嗎？」

媽媽離世之後，我回家陪伴爸爸，兩人經常相視無語，一天最多兩句話：「爸，吃飯了。」「爸，你吃飽了？」

他也固定回答我：「嗯，餐桌等等給你收。」

我以為父子關係，大概會這樣持續著，直到生命的盡頭。

偶爾看著爸爸斑白的鬢角，心裡掙扎著：「這樣的關係對嗎？」「我可以做點什麼？」

但是，我又逃開了。

遇見薩提爾

直到參加一場薩提爾對話講座，我在學校聆聽演講，主題是親師生議題。未料聽完講座之後，漂浮的心扎實落地了。

我很認真地、直覺地認定：「這就是我要的東西！」

此後我參加了工作坊，課後帶著作業回家，但馬上就面臨大挑戰。

當時爸爸回來很晚了，我一個人待在家裡，我想回自己的房間，我在餐廳為爸爸留一盞燈。

不料爸爸剛進門，在玄關處看到餐廳那盞燈，大聲喝斥並質問我：「人不在那裡！為什麼不關燈？」

那時我剛出房門，卻迎來這句責難，心裡相當的難受。那句質問像利箭，扎進我的心裡，緊接著我意識到一股憤怒，從心裡猛然升起。我決定不跟他交談，轉身逕直離開現場，也就是「打岔」的姿態，正是我慣用的逃開。

但我又想起回家作業，在心裡演練「對話劇本」。

我硬著頭皮問他：「爸，餐廳的燈沒關，你很生氣嗎？」

他放下板著的臉，緩緩地說：「其實我沒有生氣。」

聽了他的回答，我耳裡發出嗡嗡聲音。

我停留在自己的世界裡面，直到爸爸又叨念其他事情，我知道無法再繼續了。

只成功對話了一句，但我看見改變的可能。從那一天起，親子關係有些不同。

自此每日學習覺察，連結自我內在，學習對話，連結他人。

身心逐漸轉變

轉變並非旦夕之間，而是長久練習而來。

今年的除夕夜，長輩邀請我們吃年夜飯，互動上卻迥異於以往。我不像以前默默吃飯，我跟阿姨、叔叔三人酣暢互動，這是我很少出現的樣子。我發現自己與人的互動改變了。

爸爸在哪兒呢？

我看見他一個人坐在稍遠的位置，默默的滑著手機，手機播放春節罐頭影片，影片聲音壓過眾聲。我轉頭看著爸爸，思索著要說些什麼。

就在轉頭的一瞬間，我腦袋自動播放「慣性畫面」，那是對爸爸的指責，覺得他的行為很失禮。過去我的應對方式，會要求他將音量轉小，甚至語言帶著酸言酸語，這與父親對我的方式如出一轍。我還能聽見指責的聲音。

但是我的腦袋裡，閃入另一道光，那是爸爸的身影，我有很不同的「看見」：爸爸是孤單的靈魂，猶如一個小男孩般，想引起大人的注意。我看見自己的不同，當時起心動念，有了想要關心他的念頭。

我挪動身體，靠近爸爸，也放緩了語態：「爸，你在看什麼呢？」

他回答：「喔，朋友傳來的賀年影片。」

我接著問：「是朋友傳來的啊！好看嗎？」

他點點頭說：「好看啊！」

爸爸回應我，接著關掉吵雜的影片，將手機收進口袋，加入餐桌的互動圓圈。

我的內在不同了，有了不同以往的互動，父親也有不同的反應，帶來截然不同的結果。我訝異自己身上的轉變，也慶幸自己在薩提爾模式、自我覺察與對話練習的努力，一路走來，沒有放棄。

現在與爸爸的關係，有了很大的改善。爸爸仍是他原來的模樣，但我已經有好的相應方式，我擁有更多的選擇，能看見爸爸對我的愛，我也能對他表達愛，可以如實呈現，不再壓抑。

當我開始有更寬廣的「看見」，與爸爸之間的疏離感，有了不同的轉變：過去與爸爸之間，因權威產生的距離，曾是讓我痛苦的來源。然而，疏遠之因來自不知如何靠近爸爸。我在慣性距離之中，可以安全地、自在地，做任何我想要做的事情。爸爸的「不懂得」，曾幾何時，成為了一種支持，這是我新的看見。過去我曾視之冷漠，現在卻清楚看見，那也是爸爸的愛。

這些轉換的經驗，讓我在演講時刻，更能體諒家庭溝通困難的人，同理家庭困境的參與者，在黑暗中找到方向，給學習者支持的力量。

本文分享者：紀宗佑，薩提爾專訓結業，成長工作坊帶領者
電子信箱：godsatan23@gmail.com

從自我覺察，到刻意練習

一位媽媽說起與孩子相處，孩子總在她詢問兩三句後，帶著情緒高漲的語氣回覆：「你不要再問了，很煩欸！」

孩子這樣的回應，總讓她詞窮，不知該如何與孩子對話。

老師問她：「當時的你，聽了有什麼感覺呢？」

老師的問話，是讓媽媽覺察，進而照顧自己。

「這讓我想起過去的自己，當時女兒經常面無表情，或者擺明一臉的『你很煩』。即使回答我的話，通常都是：『沒有、不知道、嗯……』」

女兒也經常完全不吭聲。

我總是失控的大吼大罵：「你這是什麼態度？做錯事我還不能說嗎？你以為我喜歡這樣嗎？如果不是你每次都這樣，我需要發脾氣嗎？」

就這樣，漸漸地，孩子隔絕了自己，更隔絕了我這個媽媽。她再也不發表意見，經常是冷淡且無所謂。她在外的人際關係，卻像隻刺蝟一樣。

重新連結愛

我從生氣到無力，想放棄卻做不到，在混亂中拉扯著自己，悔恨、自責、懊惱……時時刻刻刺痛自己：你是個差勁的媽媽、失敗的媽媽、你很糟糕。

我開始學習自我覺察，也學習如何對話，但我總是碰一鼻子灰。

我得回來面對這些挫折、失落、失望、難過與傷心，然後再帶著勇氣，重新挑戰的意志，去敲孩子已經關上的心門。

有時候我滿滿的生氣，卻只能離開現場，感覺不受尊重的受傷。我心裡在吶喊：我是你媽媽，你怎麼可以用這種態度對我？

我在這種情況下練習。練習面對情緒，陪伴受傷的自己，也練習對話。

一段時間過去了，換成帶著滿滿的委屈，還有失落情緒離開現場。我內心沮喪的聲音：我想關心你，你怎麼總是拒絕我？

有時帶著滿滿的沮喪，還有無限自責離開。內心的聲音是：我好失敗啊！我原來是個糟糕的媽媽……

這些情緒與觀點卡著我，讓我無法繼續與女兒應對。我只能一次又一次，回來陪伴自己的情緒。生氣時找適合的方式，發洩自己的憤怒。難過時躲起來，好好哭一場。沮喪、失望時看看自責的自己，重新去愛自己。

一段時間漸漸過去，我能穩住自己了。我開始有了能力，能與女兒應對。

再次面對相同情境，我能安穩地告訴孩子：「我想聽聽你的想法，是我想更了解你，而不是想說服你，照我說的方式，或者想要改變你。我想跟你更親近，因為我很愛你。」

過了好長一段時間，經由女兒的觀察與驗證，她看見媽媽的改變，相信媽媽出自真心，這時，她才願意漸漸打開心門。

回顧那段日子，我心中充滿感謝。

感謝當時那個想放棄，卻又做不到的自己。找到了安頓自己的方式，學習覺察、靜心、傾聽、陪伴感受，慢慢找回愛的連結。

現在，我們還是有意見相左的時候，也有嘔氣、難過、感覺無法溝通的時刻，但是我有了更多的覺察，也能傾聽孩子的聲音，不批評、不說教，接納孩子的獨特，接納她長成她自己的樣子，而不是我想要的樣子。如今她不再需要劍拔弩張，去回應這個世界。作為她的保護色，她的世界也開始變得溫暖，變得有色彩了……

正因為如此的練習，有了我跟外甥對話的能力。

接納情緒中的孩子

到妹妹家晚餐，外甥因為功課而嘶吼，要媽媽幫忙寫功課。

我看了妹妹一眼，妹妹淡定地說：「這陣子只要遇到寫生字造詞，他就會這樣嘶吼，僵持兩個小時左右。」

我繼續陪著外甥女吃飯，也聽著外甥不停地哭吼著。

妹妹用溫柔而堅定的聲音，不斷跟孩子說：「媽媽會陪你寫，幫你翻字典也可以，但是媽媽沒辦法幫你寫……」

我心裡滿滿的佩服！想當初的自己，早就劈里啪啦罵一頓，再加棍子在旁威脅。

這樣過了一個多小時，孩子的聲音都沙啞了，於是我叫了外甥：「寶貝，過來阿姨抱抱，好嗎？」

陪孩子學習負責

我走過去牽他，然後抱著他，邊拍著他的背，邊問著：「你現在很生氣，對嗎？」

「嗯。」

「阿姨知道你生氣了」

「你剛剛哭了很久，你覺得很難過，是嗎？」

「嗯。」

「阿姨知道你很難過。」

過了一會兒，外甥的哭鬧聲漸小了

「你難過是因為擔心，待會兒不能看手機，是嗎？」

「對。」

「你希望媽媽幫你寫功課，才能很快完成該做的事，才能去看手機，但是媽媽不幫你，所以你生氣媽媽，對嗎？」

「對，媽媽不幫我、我要看手機……」

「好，阿姨知道了，你可以生氣、可以哭哭，阿姨會陪你。」

漸漸地，外甥的情緒緩和下來，哭聲也停了。

我繼續問外甥：「上禮拜也是跟今天一樣嗎？」

「對。」

「最後媽媽有幫你寫嗎？」

「沒有。」

「上禮拜媽媽沒有幫你寫，剛剛她也說你得自己寫，你覺得媽媽今天會幫你寫嗎？」

「我就是要媽媽寫。」
「你想媽媽幫你寫啊？」
「對。」
「我知道你希望媽媽幫，但是媽媽說不能幫你寫了，那怎麼辦？」
外甥默默的，沒有回應。
「你最想趕快完成，然後看手機，對嗎？」
「對。」
「我陪你一起寫，可能會有機會，你要嗎？」
「不要。」
「你希望明天帶著沒寫完的功課去學校嗎？」
「不要。」
「寶貝希望自己完成功課，明天帶到學校，是嗎？」
「對。」
「寶貝是希望自己完成功課，而且表現好的，對嗎？」
「嗯。」

「我聽到寶貝這麼認真，想要完成功課，覺得認真的你好棒啊！你上禮拜哭很久，後來有看到手機嗎？」

「沒有。」

「今天也是哭了很久，可能也看不到手機了。這樣下禮拜，你還要一樣哭很久嗎？」

「要。」

「我們試試看一個新的方法，好嗎？」

「不要。」

「你當然可以繼續哭哭，不要試試別的方法，只是這樣的結果，就會跟上禮拜，還有今天一樣，看不到手機，你想要這樣嗎？」

「不要。」

「你最想要趕快完成，該做的事情，可以看手機，對嗎？」

「嗯。」

「現在哭哭的方法，我看來是很難了。我們一起來想想，換個可以達成的方法好嗎？」

「好。」

「我很開心寶貝願意嘗試新方法唷。」

妹妹接著說：「那過來，媽媽陪你寫功課吧！」

寫完功課後，我說：「你只用了不到三十分鐘就完成了耶。你是怎麼做到的啊？」

孩子聳聳肩。

「是因為你剛剛很專心嗎？因為我發現，你只有不會造詞的時候，會停下來，其餘時間都是一直專心地寫。」

外甥笑笑地說：「好像是。」

「所以專心地寫，就可以很快寫完，對嗎？」

「對。」

「我覺得很專心的你、認真的你好棒！那我們下禮拜，也用這樣專心、認真的方法試試看，好嗎？」

「好，可是阿姨你要陪我。」

「阿姨很想陪你，但是我不知道，你什麼時候會寫生字造詞。如果不能來，用電話陪你，可以嗎？」

「可以！」

「好喔！你會記得用新方法，還是需要阿姨提醒你？」

「要阿姨提醒。」

「好，你要寫生字造詞的時候，請媽媽打給我，我可以提醒你，我們有新方法，這樣好嗎？」

「好！」

創造新體驗

隔週，一個晚上電話來了。

「阿姨，我今天要寫造詞了。」

「要準備開始寫了嗎？你還記得我們說要用新方法嗎？」

「記得，我現在要開始寫了，你開視訊陪我。」

就這樣，一次新的成功體驗產生了。這次外甥穩定、開心地完成應做事項，當然也如願的拿著手機了。

在親子關係觸礁，窒礙難行的過程中，我接觸薩提爾成長模式，在學習多年之後，找出自己過去不曾見的資源，也看見孩子的正向力量。在積極探索自我之後，練習連結自我，也接納完整的自己，改善親子的關係，更讓我對困境中的家長，有了更多的理解，陪伴他們走過一段路。

本文分享者：洪珊如，親子溝通、對話特約講師
電子信箱：jouhung5435@gmail.com

親子坦誠的連結

小K的老師來電，電話聲響起時，我看到老師的名字，心裡泛起不祥之兆。這來自小時候的經驗，老師聯絡家長準沒好事。

老師的投訴

我帶著揣測接起電話，果不其然是如此。老師細數小K在學校種種，下課帶同學去垃圾場探險，跟同學在中庭拋接果實，還在奔跑時受了傷等等，舉凡老師說不能做的事，他大概都跑去嘗試。

在媽媽的眼裡，這些算是小事，男孩好奇冒險天性，能適度發揮也好，不過後來老師提醒我：「媽媽有注意看聯絡簿嗎？」

我這時的內心有疑問：這是什麼問題？還管到媽媽有沒有認真。

我立刻解釋：「有時候是爸爸看，怎麼了嗎？」

老師說：「你有看到嗎？昨天聯絡簿上，我用紅筆的留言，被塗掉了。」

我心跳加速，內心的聲音再起：此事非同小可，小K把老師的字塗掉，我還真沒注意。

我略顯著急跟老師說：「我再來跟小K確認。謝謝老師的關心。」

回應老師的時候，我已經覺察自己，有點心不在焉，且草草結束對話。

我感到自己憂心忡忡，我可以做什麼呢？

講電話的同時，小K坐在我旁邊，正埋頭寫著功課，聽到老師打電話來，他大概也心頭一驚吧！

我翻開聯絡簿，仔細注意星期四的那一頁，果真有老師的紅字，也真有塗立可白的痕跡，但是立可白不太會用，露出了許多紅字。

媽媽的自我覺察

為何小K將紅字塗掉？而不願意坦承，不願意跟我們說。我的內心很煩躁，思緒紊亂不安。若是過去的我，遇到老師投訴，掛了電話之後，一定臉色鐵青審問小K。

但我學習薩提爾模式，內心多了一分覺知，與應對姿態的反省，我常在內心問自己：「這樣的應對是我要的嗎？」

我看著小K的聯絡簿，在那片刻之間，百百種感覺衝上來，最容易覺察的是「生氣」，但是我發現「生氣」並不大，反而更多的是「驚訝」。小K寧願冒險塗改，也不願意跟我們說實話，這讓我感到「難過」跟「沮喪」。到底發生了什麼事？我是糟糕的媽媽嗎？小K做錯事了，竟然寧願冒險，也不想讓我知道，這不是我期待的親子關係。

停頓在混亂的時刻，腦海閃入一道光，像是一條線索。我靜了下來，安頓自己的心，送一點氧氣給自己。

小K坐立難安，問我：「怎麼了？老師說什麼？」

我指著聯絡簿被塗掉的地方：「發生什麼事了？你把老師的紅字塗掉，你會擔心媽媽看到嗎？」

小Ｋ這時低下頭不語。

我能感受他的緊張與不安。

以提問了解小Ｋ

我知道癥結在過去，我透過回溯問他：「小Ｋ，以前你做錯事時，媽媽是不是很凶地罵你？」

小Ｋ點點頭說：「對。你還會處罰我。」

我說：「你會擔心媽媽又處罰你嗎？所以你不想讓我看到老師的紅字？」

小Ｋ難過地點點頭說：「因為上次我不小心把杯子打破……」

原來是過往的經驗，讓小Ｋ有一分擔心。媽媽在情緒風暴上，會很生氣地罵人，這是小Ｋ冰山的形成，讓他成為這樣的應對，將老師的紅字塗掉。

小Ｋ當時打破杯子，但我並沒有告訴他，我其實感到很遺憾，被打破的那個杯子，是媽媽年輕時重要的紀念。當時我暴衝出來的怒氣，一股腦兒湧出，大罵小K一頓，警告他不准拿陶瓷製的杯子。

我的內心思緒流轉，這是我的家庭圖像嗎？我很肯定地說：「不是！」

如果不是的話，我願意改變嗎？

我再度安頓自己，思索著可以如何做，比較接近我想要的親子關係。

「小K，媽媽過去會很凶，曾經罵你，甚至處罰你，讓你會害怕，是嗎？」

小K難過地哭了，點點頭回答。

坦誠表達，面對孩子

「小K，媽媽也不喜歡這樣。媽媽想要改變，你可以幫忙媽媽嗎？」

小K有點不知所措，他的眼神彷彿告訴我，他可以做些什麼呢？

我接著跟他表達：「下次媽媽生氣的時候，我會停下來深呼吸，提醒自己的態度。如果媽媽還是凶巴巴，可以請你鼓起勇氣，提醒我嗎？」

小K聽我的一番話，並沒有立刻回答。

說了那一番話之後，我已經紅了眼眶，跟小K再一次說：「媽媽想要改變，有時候還是做不好。媽媽需要練習，可以請你陪我練習嗎？」

小K看來有點疑惑，但是他點點頭。

「謝謝你，小K。即使媽媽做不好，你還願意陪我練習。」

小K難為情地說：「其實媽媽已經比較不愛生氣了。我記得中班的時候，媽媽更常生氣。」

我這時出現內心話：小K，你的記憶力真好，媽媽啞口無言……

我很堅定地提醒他：「不過，老師紅筆寫聯絡簿，你不可以自己塗掉，那是不對的行為。」

小K點點頭，表示他知道了。

我給小K一個深深的擁抱。我想我還是會生氣，不過下次情緒風暴來襲，我會記起與小K的約定。生氣是我自己的，我不該任意將氣丟到小K身上，這是從來沒人教我的事。

小K的應對似乎教會我什麼。孩子就像一面通透的明鏡，閃閃映照著我的一言一

行，我得明白自己的發生，覺察自己、接納自己的感受，別用愛之名來包裝情緒。

小K就像皎潔的月光，映照出我的一舉一動，任何感受噴發前，我得專注與自己同在。唯有不斷地練習，與自己更加靠近，才能與家人靠近，一步一步接近心中的家庭圖像。

本文分享者：謝姵穎（Cindy），常至各級學校及機關團體演講、帶領讀書會
電子信箱：tinycindy@gmail.com

驀然回首來時路

這兩週跟孩子在一起，好幾次遇見陌生人過來，我正手忙腳亂帶孩子，她們紛紛跟我說：「你的孩子好幸福。」

我疑惑地跟路人說謝謝。

在半個月之內，同樣的事發生三次，讓我不得不臣服，也謝謝生命的提醒。也許，我真的走過來了。

徬徨來時路

二〇一六年一月分，我陷入中度憂鬱，有恐慌與幻聽，每天靠酒精下肚，才能對孩子、先生笑得出來。

每當夜深人靜的時刻，我的思緒高速運轉，使我徹夜不成眠，痛苦到只想找利刃，從頸動脈自我了結。在先生與孩子熟睡後，我起身開車出門，曾經撞牆，嚇到先生、孩子，驚擾鄰居好幾次。

一直有個聲音，在我耳邊不斷盤旋：「放過你的先生跟孩子吧，讓他們找更好的媽媽，來守護這個家。你只會對他們傷害，說尖酸刻薄的話，會拖累他們的人生……」

先生及許多朋友都關心我，並且陪伴著我，我仍對自己的存在，感到抱歉，而且深深地抱歉。

唯一讓我留下來，沒做傻事的原因，是我想到離開之後，若有人問起孩子：「你的媽媽呢？」

孩子和先生該如何應對？這是生命中很大的傷口，我不允許自己傷害他們，但是我該怎麼辦？

我繼續看診吃藥，我閱讀、運動、使用精油、吃花精、冥想、靜心、參加工作坊、七天的閉關，與各式靈性治療。只要有一點點機會，我都會去嘗試。我一直在找尋，讓內在平穩的處方。

如今我已經改變，不再是過去的那個人。我一步步更懂自己，更能接納自己，漸漸對生命有熱情，也能有快樂、能分享了。

重整自己的冰山

我開始學習薩提爾模式，以及一群懂得對話的夥伴，徹頭徹尾改變我的人生。

我最早參加的課程，是羅志仲老師的課，我與他對話的主題：「我真的很想自殺。」

在志仲老師的引導下，我見到想自殺的女孩，當年只有十二歲的我，自殺念頭第一次浮現。她坐在我的面前，我對當年十二歲的女孩說：「若你想死就快點行動，不要再拖下去了。現在我已經三十三歲了，過了這麼多年，你會遇到更多愛你、關心你的人，都是你的朋友、你的先生，跟你的孩子。你若是愈晚走，會讓更多人傷心。都是你當年太膽小，我才到現在痛苦地活著……」

談話是怎麼結束的，我已不大記得，但最初呈現的談話，我對自己完全不認同，無法接納與接觸自己。我的人生在矛盾中行走。

從那時候開始，志仲老師陪伴我，漸漸認識自己的冰山，認識自己的感受，學習如何接納感受，認識體內綁住的觀點，學習轉換自己的規條，學會放掉未滿足的期待，去看見與愛自己，改變了自己的冰山狀態。

我從不愛惜自己，到漸漸接觸自己，願意接納這樣的自己。雖然心裡還有雜音，但是已走過大半心靈風暴。面對孩子的爭執時，內在的感受不再紛亂，比較容易穩定自己，生活漸漸活出自己的樣貌。

如今我接收路人稱讚：「你的孩子好幸福。」

這一切在默默轉變。我回首看看自己走來，發現自己如今站上講台，在講座或工作坊現場，幫助修復關係的路上，帶領眾人學習認識自我，在讀書會討論與深化，我感覺無比幸運與感激。

本文分享者：洪善榛，對話推廣講座

電子信箱：sgbobo@ymail.com

從停頓開始，改變家庭圖像

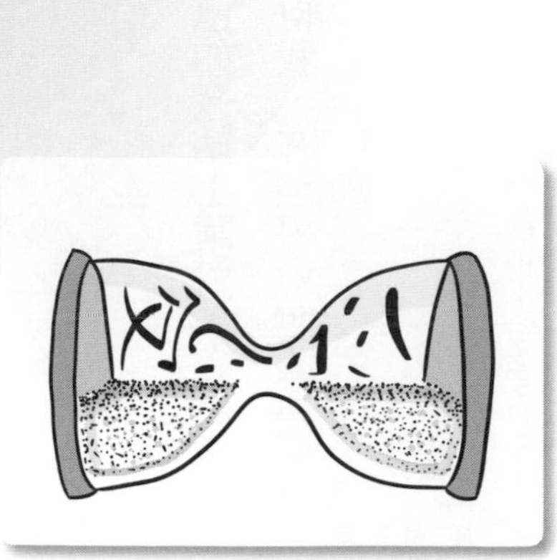

學習薩提爾模式之後，學員偶爾與我分享，雖然學習了對話，卻屢屢受挫的辛苦。其實我何嘗不是如此，即便學習了一段時間，我也時常對自己生氣，對自己感到失望。

在我學習對話之前，我甚少和家人談話，學習之後想要練習，卻又老是卡住，最後以爭執收場，那是一段非常混亂、挫折的日子，現在也偶爾發生。但不同的是，現在我已漸漸地，願意原諒自己、看見自己的認真，再想想看如何做好。

與母親對話不容易。

母親的生命歷程，有許多的委屈、無力與怨恨。她一旦與人相處，希望被全然聆聽，希望被聆聽者同情。

然而，她充滿情緒的激烈評論，與我的生命經驗、觀點有巨大的落差。我們容易陷在這裡，彼此落入爭執。

學會停頓

後來，我努力落實一個練習，那就是「停頓」。

夥伴曾同我分享，有個認真的老師，為了練習聽媽媽說話，在每次出現辯解衝動時，咬住自己的舌頭。聽到這故事的當下，我有極大的觸動和尊敬。這個老師抱著什麼樣的心情、多大的決心，想方設法地做這麼困難的練習呀？她怎麼有這麼大的願意，又怎麼想出這個方法呢？

停頓，多難。

於是，某一天，當母親再次激動控訴，我的理智線將斷裂的前一刻，我咬住了舌頭。牙齒的堅硬觸感，提醒了當下的我：「此時此刻，我真正想要的是什麼，在這兒與媽媽辯解、說道理，是幫助我更靠近媽媽，還是更遠離媽媽呢？我是為了什麼，決定咬住自己的舌頭，停在這裡的呀？」

母親仍在滔滔不絕，語氣中都是受傷。

我能感受到她的呼救與傷痛，但是在那個當下，我決定停下我的指責，也停下我想拯救她的慣性應對。我開始深呼吸，先回到我的內在，觀照那股幾近爆炸的不耐、怒火與委屈。我進而想像夥伴們的手，曾給我關愛與力量，放在我的肩膀上，給自己溫暖與力量。

這樣良久之後，母親覺察了我的沉默，也迷惑地安靜下來。

我們就這樣沉默了至少十分鐘之久。最後，她突然問我一句：「你怎麼哭了？」

我們兩人的互動，從這裡開始有了不同。

如其所是的接納

從我停止拯救、指責母親，讓她有一個空間，從自己傷痛的劇本停下來，覺知到我的此刻狀態開始。

如今的生活面貌，媽媽、弟弟與我之間，在溝通的模式中，已經多了一點關懷、感謝的連結。雖然微小而笨拙，但亦是確實的，有光透入關係之中。

親近關係中的改變，本來就不容易。即便只是一個停頓，只是停止慣性的應對，願意停留在那個當下，停止傷害性的反應。即便沒有完美的好奇，也都讓這段關係，有了更多一點的空間，允許不同的可能性發生。

我和我的家人，絕不是奇蹟似地發生轉變，而是如同《原子習慣》（*Atomic Habits*）一書，在每一個當下，是否願意有意識地選擇：「我是否要做一個不一樣的、帶著愛的應對？即便是笨拙的、失敗的。我能否接納，並且去欣賞自己這分願意為不同可能而努力的勇氣？」

我相信在每個人的生命，都有這樣微小的光點存在，那便是慣性的縫隙。我只需要注意縫隙，停頓在此處，並且深入去覺知，就漸漸能平等地看見，自己的不足與資源。

這不是一時半刻，就能做到的事情。若願意給自己一分接納、諒解與欣賞，那麼，慢慢來，我相信就可以。

本文分享者：程馨慧，心理師
電子信箱：suikarjumping@gmail.com

透過回溯，流動情緒

過去的傳統教育，遇到孩子有情緒，通常會跟孩子說：「不要哭、不要難過、不可以生氣。」如此一來，情緒不流動，也許暫時可以壓抑，但是久了便出問題。很多心理問題，來自情緒沒有流動。

如果情緒不抒解，會影響很久、很久。

當時我還不懂冰山，不理解情緒的教育。

過去應對的經驗

兒子大概三歲左右，曾經因為太吵鬧，很不可理喻的情況，當時我不想打罵他，因為打罵他的經驗，他的反抗更激烈。

當時我很苦惱，將他關在洗衣間，他情緒非常激動，瘋狂拍打玻璃門。此後他一直記得，每年都提起好幾次，我都會跟他爭辯：

「那是因為你不乖，所以我才處罰你。」

「我已經很克制了，為了不打你、罵你，我才把你隔離。」

我為自己找種種藉口，合理化自己的行為。我很感恩後來學了關愛教育，跟薩提爾模式，才知道他為什麼一直舊事重提，不是因為他很會記仇，是因為他的情緒被壓抑，心結一直都存在，這是「心靈的傷，身體會記住」。

今年寒假，孩子已經九歲了，他又突然想到，又舊事重提了。

我認為這是好時機，和解的機會來了。我誠摯地跟他道歉，表達當時不知道如何溝通，讓他受苦了。

回溯，讓孩子的經驗重現

可能存在的心結太久了，一開始，孩子並不原諒，我於是關注他當時的感受。

媽媽：「你當時被媽媽關在後面，你是不是很生氣？」

孩子：「對啊！我在後面一直拍門，你都不理我，然後我看見你還坐在書桌那裡背《廣論》！」

媽媽：「你希望媽媽用更好的方式對你，是嗎？」

孩子：「對啊！你學佛的人怎麼可以這樣？」

媽媽：「我當時的方法，讓你心裡很難過吧？」

孩子聽了，在這兒哭了。

媽媽：「對不起啊，媽媽現在知道了。你當時既生氣，又難過，也又失望吧？」

孩子繼續哭著，但是點點頭回應我。

媽媽：「媽媽跟你對不起，希望你原諒我，我很愛你。媽媽希望你快樂。」

孩子這時說：「好啦，原諒你啦！」

媽媽：「謝謝你！」

過了幾天之後，我問孩子，還為那件事生氣嗎？

孩子說：「沒有了。哪有生氣那麼久的。」

我心想他都氣六年了，六年後提這件事，他前幾日還是那麼生氣，還是那麼悲傷，總算有機會重新談過，讓他情緒健康地流動。

本文分享者：賴冠穎，福智文教基金會親職教育講師
電子信箱：f0956700172@gmail.com

國家圖書館預行編目資料

李崇建談冰山之渴望 ： 幸福的奧義/李崇建著.
-- 初版. -- 臺北市 ： 寶瓶文化事業股份有限
公司, 2021.11
面 ; 公分. -- (Vision ; 218)
ISBN 978-986-406-260-7(平裝)
1.自我實現 2.生活指導
177.2 110016501

Vision 218

李崇建談冰山之渴望——幸福的奧義

作者／李崇建

發行人／張寶琴
社長兼總編輯／朱亞君
副總編輯／張純玲
資深編輯／丁慧瑋
編輯／林婕伃
美術主編／林慧雯
校對／張純玲・林婕伃・劉素芬・陳佩伶・李崇建
營銷部主任／林歆婕 業務專員／林裕翔 企劃專員／李祉萱
財務／莊玉萍
出版者／寶瓶文化事業股份有限公司
地址／台北市110信義區基隆路一段180號8樓
電話／(02)27494988 傳真／(02)27495072
郵政劃撥／19446403 寶瓶文化事業股份有限公司
印刷廠／世和印製企業有限公司
總經銷／大和書報圖書股份有限公司 電話／(02)89902588
地址／新北市新莊區五工五路2號 傳真／(02)22997900
E-mail／aquarius@udngroup.com

著作完成日期／二〇二一年七月
初版一刷日期／二〇二一年十一月十一日
初版六刷日期／二〇二三年十一月三十日
ISBN／978-986-406-260-7
定價／六二〇元

AQUARIUS 寶瓶文化事業

愛書人卡

感謝您熱心的為我們填寫，
對您的意見，我們會認真的加以參考，
希望寶瓶文化推出的每一本書，都能得到您的肯定與永遠的支持。

系列：Vision218　書名：李崇建談冰山之渴望——幸福的奧義

1. 姓名：＿＿＿＿＿＿＿＿　性別：□男　□女
2. 生日：＿＿年＿＿月＿＿日
3. 教育程度：□大學以上　□大學　□專科　□高中、高職　□高中職以下
4. 職業：＿＿＿＿＿＿＿
5. 聯絡地址：＿＿＿＿＿＿＿＿＿＿＿＿＿＿＿＿＿＿

   聯絡電話：＿＿＿＿＿＿＿＿　手機：＿＿＿＿＿＿＿＿
6. E-mail信箱：＿＿＿＿＿＿＿＿＿＿＿＿＿＿

   □同意　□不同意　免費獲得寶瓶文化叢書訊息
7. 購買日期：＿＿年＿＿月＿＿日
8. 您得知本書的管道：□報紙／雜誌　□電視／電台　□親友介紹　□逛書店　□網路　□傳單／海報　□廣告　□其他
9. 您在哪裡買到本書：□書店，店名＿＿＿＿＿　□劃撥　□現場活動　□贈書　□網路購書，網站名稱：＿＿＿＿＿　□其他＿＿＿＿＿
10. 對本書的建議：（請填代號　1.滿意　2.尚可　3.再改進，請提供意見）

    內容：＿＿＿＿＿＿＿＿＿＿＿

    封面：＿＿＿＿＿＿＿＿＿＿＿

    編排：＿＿＿＿＿＿＿＿＿＿＿

    其他：＿＿＿＿＿＿＿＿＿＿＿

    綜合意見：＿＿＿＿＿＿＿＿＿＿＿＿＿＿＿＿＿＿＿＿＿
11. 希望我們未來出版哪一類的書籍：＿＿＿＿＿＿＿＿＿＿＿＿＿

讓文字與書寫的聲音大鳴大放

寶瓶文化事業股份有限公司

（請沿此虛線剪下）

廣 告 回 函
北區郵政管理局登記
證北台字15345號
免貼郵票

寶瓶文化事業股份有限公司 收

110台北市信義區基隆路一段180號8樓

8F,180 KEELUNG RD.,SEC.1,

TAIPEI.(110)TAIWAN R.O.C.

（請沿虛線對折後寄回，或傳真至02-27495072。謝謝）